PROYECTO SABER HACER

Tecnología

El trabajo en tecnología

SERIE **CONSTRUYE**

ESO

Los libros de Tecnología, para 1.er, 2.º y 3.er curso de Secundaria, son una obra colectiva concebida, diseñada y creada en el Departamento de Ediciones Educativas de Santillana Educación, S. L., dirigido por **Teresa Grence Ruiz**.

En su elaboración ha participado el siguiente equipo:

Manuel Armada Simancas
Martín Krassimirov
Alfonso Lozano Mateos
Laura Muñoz Ceballos
Alberto Peña Pérez
David Sánchez Gómez

EDICIÓN
Laura Muñoz Ceballos

EDITOR EJECUTIVO
David Sánchez Gómez

DIRECCIÓN DEL PROYECTO
Antonio Brandi Fernández

Las actividades de este libro no deben ser realizadas en ningún caso en el propio libro. Las tablas, esquemas y otros recursos que se incluyen son modelos para que el alumno los traslade a su cuaderno.

SANTILLANA

Índice

1
El proceso tecnológico

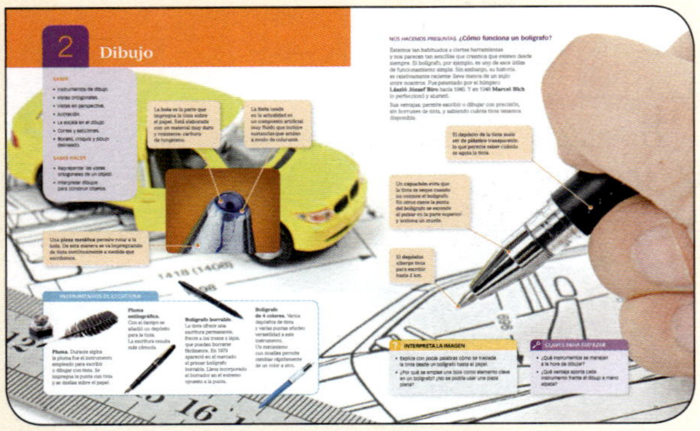

2
Dibujo

3
Dibujo con ordenador

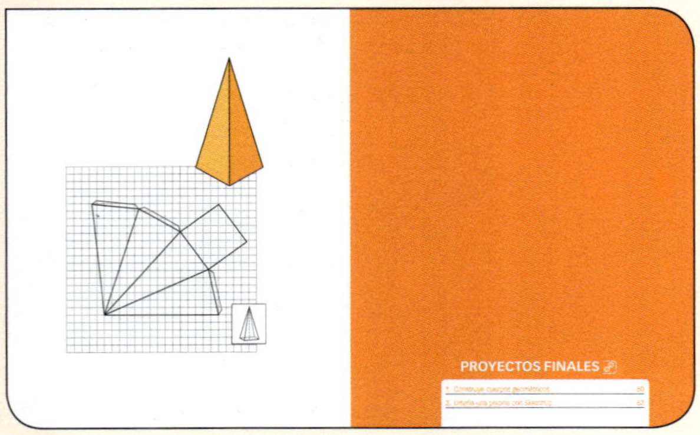

PROYECTOS FINALES

Doble página de introducción a la unidad

Ilustración. La doble página presenta de manera gráfica una aplicación de los contenidos de la unidad y que usamos prácticamente a diario.

Interpreta la imagen. Varias actividades sirven para afianzar los contenidos presentados gráficamente.

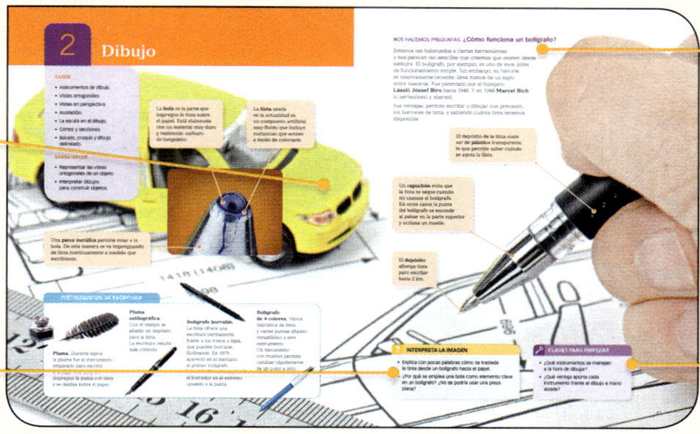

Nos hacemos preguntas. La introducción a cada unidad se presenta a partir de una pregunta.

Claves para empezar. Una o varias actividades activan los conceptos previos de los alumnos relacionados con la unidad.

Páginas de desarrollo de los contenidos

Recuerda. Incluye contenidos de otros cursos o estudiados en unidades anteriores.

Saber hacer. Muestra procedimientos sencillos que deben dominarse para asimilar los contenidos de cada unidad.

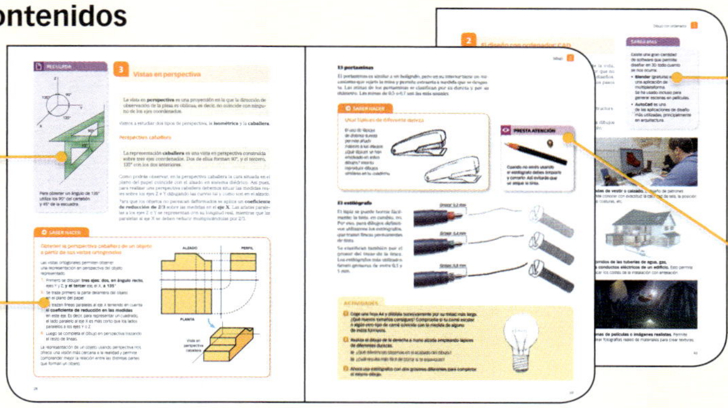

Saber más. Incluye contenidos de especial relevancia y que no son esenciales para el desarrollo de la unidad.

Presta atención. Recoge contenidos esenciales para el estudio de la unidad.

Páginas con actividades finales y trabajo de las competencias

Repasa lo esencial. Actividades para afianzar los contenidos.

Practica. Actividades para aplicar los conceptos aprendidos.

Amplía. Actividades con mayor nivel de dificultad.

- ● Fácil
- ●● Media
- ●●● Difícil

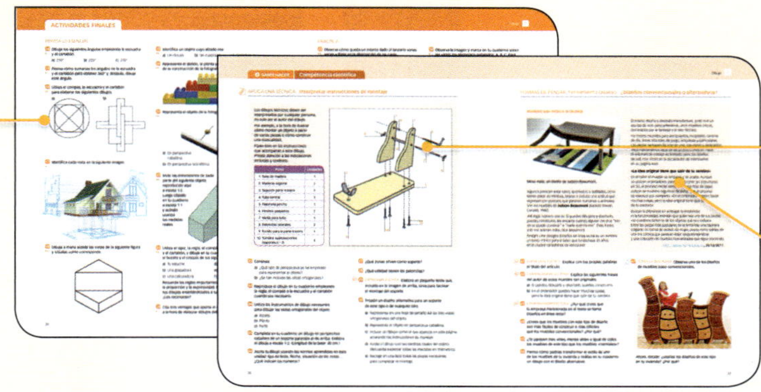

Competencia científica. Incluye trabajo específico de las competencias, poniendo énfasis en la competencia matemática, científica y tecnológica.

Formas de pensar. Presenta documentos y actividades que fomentan la reflexión del alumno.

Proyecto

El proceso tecnológico y planificación. Propone las sesiones que han de abarcar cada parte del proceso hasta su finalización.

¿Dónde encontrar los materiales?

Indica cómo conseguir el material para el proyecto.

Construye...

- Detalla los materiales y herramientas que se necesitan.
- Esquemas e instrucciones para la fabricación.
- Imágenes paso a paso del proceso.

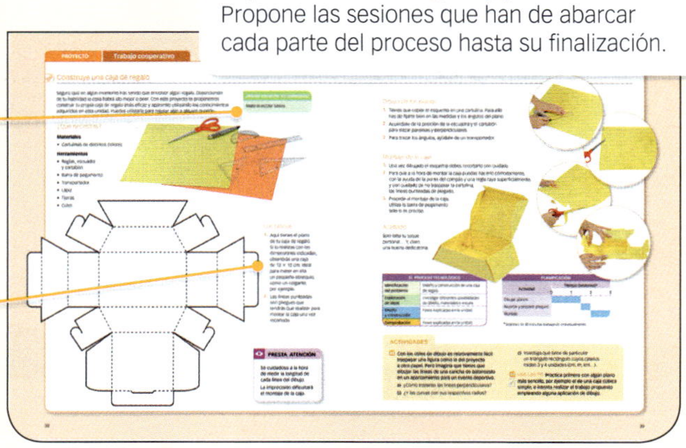

Competencias

A lo largo del libro, diferentes iconos señalan e identifican la competencia concreta que se trabaja en cada actividad o apartado.

- Competencia matemática, científica y tecnológica
- Comunicación lingüística
- Competencia social y cívica
- Competencia digital
- Conciencia y expresión artística
- Aprender a aprender
- Iniciativa y emprendimiento

1 El proceso tecnológico

SABER

- ¿Para qué usamos la tecnología?
- ¿Cómo fabricamos objetos tecnológicos?
- La evolución de un objeto tecnológico.
- Las líneas del tiempo de la tecnología.

SABER HACER

- Resolver problemas tecnológicos.

Las **medidas** de los frigoríficos no son caprichosas; los fabricantes siguen pautas. Así si un frigorífico se estropea encontraremos en el mercado otro con las mismas medidas y no será necesario redistribuir todos los muebles de la cocina.

El frigorífico es uno de los aparatos de una vivienda que más **energía** consume. Por eso se investiga continuamente para fabricar aparatos más eficientes.

Pocas personas hacen ya la compra todos los días. Por eso el tamaño del **congelador** ha ido creciendo en los últimos años.

NOS HACEMOS PREGUNTAS. **¿Cómo conservamos los alimentos?**

Comer y beber son, sin duda alguna, nuestras necesidades más básicas. Pero conservar los alimentos no ha sido una tarea fácil de resolver. El uso de la sal y el hielo de las montañas permitía a nuestros antepasados acumular comida para afrontar los inviernos, pero ahora todo es mucho más fácil: no hay vivienda occidental sin **frigorífico**. Este y otros métodos de conservación evitan el desarrollo de microorganismos (bacterias) que echan a perder los alimentos.

El frigorífico está siempre conectado, pero la **luz interior** se ubica de manera que se apague al cerrar la puerta.

El **diseño interior** está pensado para alojar alimentos y envases con formas definidas: huevos, botellas...

OTRAS MANERAS DE CONSERVAR ALIMENTOS

Conservantes. Son sustancias naturales o artificiales que se añaden a los alimentos para retrasar su deterioro.

La **sal**, el **vinagre** u otros conservantes artificiales permiten conservar jamones o pescado.

Pasteurización. Se somete el alimento a una temperatura elevada un breve periodo de tiempo y luego se enfría. Permite conservar el zumo, la leche y otros productos lácteos durante meses.

Envasado al vacío. Evita el desarrollo de microorganismos dañinos. Es un método muy empleado en supermercados.

? INTERPRETA LA IMAGEN

- ¿Cómo diseñarías tú el interior de un frigorífico? ¿Qué ventajas tendría ese diseño?
- Identifica alimentos que consumes habitualmente en los cuales se emplea algún método de conservación mencionado en estas páginas.

CLAVES PARA EMPEZAR

- ¿Todos los alimentos necesitan una baja temperatura para conservarse en buen estado? Escribe una lista con ejemplos.
- Elabora una lista con los aparatos y máquinas que usas de forma habitual en orden de preferencia. ¿De qué aparato te resultaría más difícil prescindir?

COMPROMETIDOS

- ¿Crees que los avances tecnológicos y sus aplicaciones son siempre positivos para la sociedad? ¿Crees que hacemos un mal uso de las nuevas tecnologías?
- ¿Como podrías tú hacer un buen uso de la tecnología?

1 ¿Para qué usamos la tecnología?

La tecnología nos facilita la vida: nos ayuda a conseguir alimentos y a conservarlos, a elaborar prendas de abrigo o máquinas que nos transportan de un lugar a otro. No se ocupa solamente de aparatos sofisticados: **todos los objetos que nos rodean están creados por la tecnología**.

Alimentación

La tecnología nos ayuda a sembrar cultivos o a recoger cosechas, ya sea con herramientas manuales o con maquinaria sofisticada.

Y diferentes técnicas nos permiten conservarlos durante más tiempo sin que se estropeen.

Vestido

Ya en la prehistoria nuestros antepasados cortaban y cosían pieles de animales para protegerse del frío. Ahora hemos dado un paso más y, además de materiales naturales, como las pieles, el algodón o el lino, podemos elaborar materiales sintéticos, como el nailon.

Vivienda

Las personas necesitamos protegernos del frío, del calor o de la humedad. Tras el uso de refugios naturales o entradas de cuevas comenzaron a construirse cabañas con madera y pieles.

Hoy también se utilizan materiales artificiales, como el hormigón o el vidrio.

Transporte

Desde el uso de troncos a modo de embarcaciones hasta los modernos automóviles, aviones o transatlánticos se han sucedido numerosas innovaciones. La más influyente probablemente haya sido la rueda.

Y además de los vehículos se necesitan infraestructuras: carreteras, vías, puentes, túneles, aeropuertos…

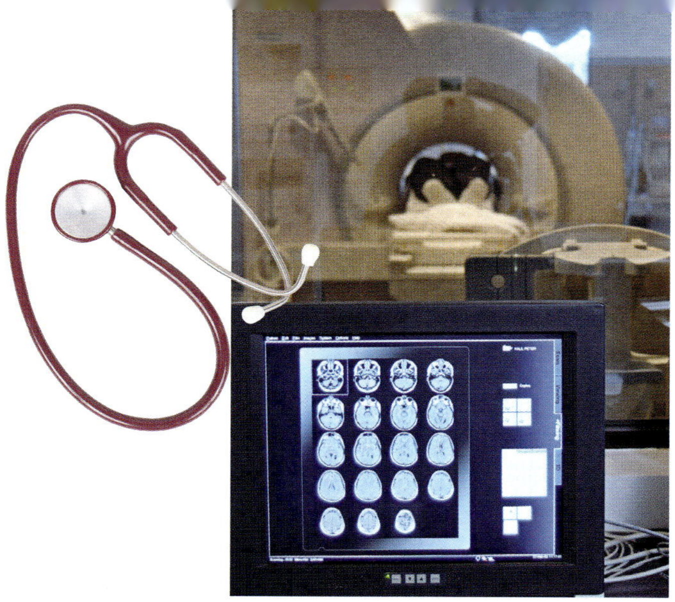

Medicina

Prevenir y curar enfermedades y aliviar el sufrimiento de personas enfermas es otra de las necesidades básicas que cubre la tecnología.

Aunque, por desgracia, no todos los habitantes del planeta disponen de las mismas ventajas.

Comunicaciones

Las personas somos animales que vivimos en comunidad y necesitamos comunicarnos unos con otros. Un lapicero, por ejemplo, es un objeto tecnológico que nos permite comunicarnos.

Para comunicarnos a grandes distancias la tecnología ha desarrollado otras herramientas: con ellas podemos conversar con una persona ubicada al otro lado del planeta.

Energía

El Sol es la principal fuente de energía sobre la Tierra, pero hemos aprendido a generar energía de diversas maneras: aprovechando el viento, una caída de agua o quemando un combustible.

El problema planteado en la actualidad es cómo producir energía sin dañar el medio ambiente.

Ocio

La tecnología nos ayuda a disfrutar más de nuestro tiempo libre: podemos imprimir libros, elaborar juguetes o emitir programas de televisión.

Como ves, existen objetos tecnológicos de todo tipo: sencillos, como un simple yoyó o un muñeco de madera, y complejos, como un televisor o una tableta.

ACTIVIDADES

1. Elabora una lista con los objetos tecnológicos que utilizas mientras estás en clase.
2. ¿Son sofisticados todos los objetos que utilizamos o los hay simples?
3. Contesta.
   a) ¿Crees que la comunicación entre culturas diferentes ha impulsado la tecnología?
   b) ¿Por qué?

2 ¿Cómo fabricamos objetos tecnológicos?

La resolución de problemas tecnológicos

Pocos descubrimientos tecnológicos se producen al azar. A menudo existe un proceso meditado por parte del inventor. Las **fases** que seguimos para elaborar un objeto tecnológico son estas:

1

Identificar la necesidad que queremos resolver

Por ejemplo, una necesidad básica de todos los grupos humanos ha sido conservar los alimentos para disponer de una reserva útil y no tener que salir a cazar todos los días. O bien cobijarse de la lluvia cuando estamos al aire libre.

2

Diseñar las posibles soluciones para el problema

En este punto es útil explorar cuanto tenemos a nuestro alrededor. Por ejemplo, una rama caída sobre un río nos puede dar una idea para construir un puente. O un caparazón nos puede inspirar para idear un cobijo frente a la lluvia. Es una buena idea plasmar de manera gráfica nuestras ideas, anotando si es necesario las dimensiones o los materiales que debemos emplear.

3

Construir el objeto tecnológico

A partir de los diseños previos podemos usar las herramientas y los materiales necesarios para la construcción del objeto. Por ejemplo, para cobijarnos de la lluvia podemos elaborar un «cobijo portátil» utilizando algún material impermeable y un armazón para sostener la estructura.

4

Evaluar el objeto construido

El trabajo no finaliza con la construcción del objeto, sino que debemos evaluarlo y probarlo con el objetivo de comprobar si realmente soluciona el problema para el que ha sido diseñado. Por ejemplo, ¿el paraguas que hemos construido con un material impermeable evita que nos calemos o entra agua por alguna unión? ¿Y el armazón permite abrir y cerrar el paraguas cientos de veces?

A la hora de elaborar un objeto tecnológico prestamos atención a dos aspectos fundamentales:

- **La función que cumplirá el objeto.** Un sacapuntas, por ejemplo, debe incluir alguna especie de cuchilla para afilar los lápices.
- **El aspecto del objeto.** En muchas ocasiones compramos un objeto basándonos únicamente en su aspecto exterior: color, forma, textura del material del que está hecho, etc.

SABER HACER

Pasar de la idea al producto

Una silla es un objeto con una función clara: servir para permanecer sentados. Debe tener una estructura de madera u otros materiales capaces de aguantar el peso de una persona.

Piensa en materiales a tu alcance: palillos, cartón, telas, etc., y completa el proceso de resolución técnica para inventar una nueva silla.

- ¿Para qué se usaría?
- ¿Qué forma tendrá?
- ¿Qué materiales se usarán en el objeto real para que aguante el peso?

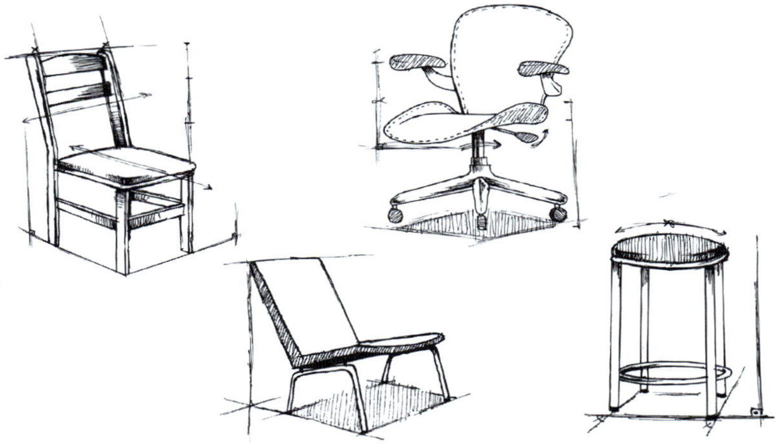

¿Qué necesitamos para fabricar objetos?

Para llevar a cabo con éxito el proceso de diseño y fabricación de un objeto tecnológico son necesarios conocimientos en diversos campos:

- **Dibujo.** Hay que dibujar las ideas. No basta con imaginarlas. Para poder tomar medidas o discutirlas en equipo, por ejemplo.
- **Materiales.** ¿Qué tipo de material es adecuado a cada uso? ¿Necesitamos un material resistente, impermeable o transparente? La función determina el material en muchos casos. ¿Te imaginas un paraguas de cartón?
- **Fuentes de energía.** ¿Cómo funcionará nuestro objeto? ¿Será manual, como un bolígrafo? ¿Será eléctrico, como una lámpara?
- **Manejo del ordenador.** Lo usaremos para buscar información, diseñar nuestro objeto o representar las distintas fases de la construcción.

Una memoria USB debe cumplir su función. Pero los fabricantes saben que muchos clientes se fijan más en la **forma** y el **color** que en la capacidad a la hora de decidir la compra.

ACTIVIDADES

4 Señala cuáles son los pasos necesarios para elaborar un objeto que solucione estas necesidades y propón alguna solución en cada caso.

a) Cruzar un río.

b) Unir varias hojas de papel.

c) Subir agua desde un pozo poco profundo.

d) Limpiar el suelo.

e) Proteger los pies cuando caminamos.

5 Identifica qué necesidad satisface cada uno de los objetos siguientes.

a) 

b) 

c) 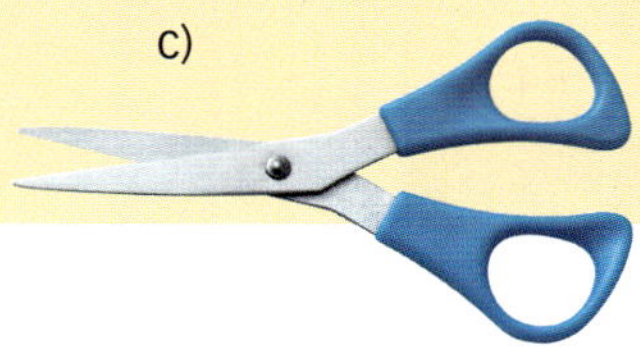

d) 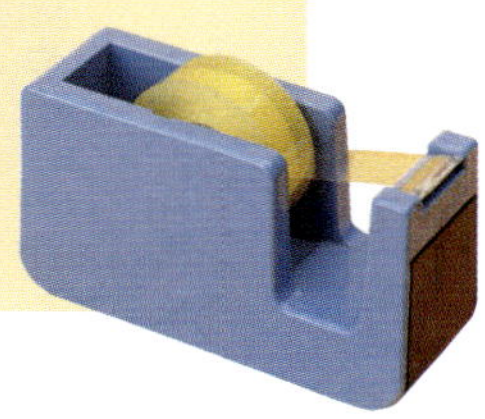

3 La evolución de un objeto tecnológico

Un automóvil moderno es una evolución de los antiguos carruajes de caballos.

A la hora de afrontar la resolución de un problema tecnológico no se parte de cero. Muchas veces se toma como punto de partida un objeto preexistente que se intenta modificar para mejorarlo, hacerlo más resistente, más barato... ¿En qué crees que se inspiró el inventor del automóvil? Pues en los coches de caballos, evidentemente.

Otro ejemplo es el teléfono. Nuestros actuales teléfonos móviles no se parecen demasiado al ideado por **Antonio Meucci** y patentado por **Alexander G. Bell** a finales del siglo XIX. Observa cómo ha evolucionado este aparato y cuáles han sido algunas de las soluciones ideadas para resolver el problema de enviar un mensaje a distancia.

1

La primera solución fue enviar a alguien portando el mensaje, es decir, un **mensajero**. Primero a pie y luego a caballo, lo que permitía reducir el tiempo necesario para transmitir el mensaje. Aun así se necesitaban varios días para que un mensaje cruzase la península ibérica, por ejemplo.

2

Otras soluciones permitían una comunicación más rápida, aunque los mensajes eran más limitados. Por ejemplo, con señales de humo o mediante el **telégrafo óptico**, que consistía en una red de edificios situados en colinas que enlazaba territorios separados muchos kilómetros.

3

La llegada de la electricidad permitió un avance significativo: la comunicación casi instantánea a distancia usando el **telégrafo**. Pero era necesaria una infraestructura que uniese emisor y receptor: el cableado.

4

El **teléfono** permitía conversaciones fluidas enviando y recibiendo voz.

7

El **teléfono inteligente** (*smartphone*) ofrece nuevos servicios, además de la transmisión de la voz. Ahora no solo usamos el teléfono para hablar, sino que también escribimos mensajes y grabamos fotografías o vídeos para enviarlos a un amigo, o navegamos por Internet.

6

Algunas décadas después el **teléfono móvil** ofreció la libertad de comunicarnos con otra persona desde cualquier sitio. Pocos inventos se han difundido tan rápido entre la población de todo el mundo.

5

El teléfono se convirtió rápidamente en una herramienta imprescindible en los negocios y en las viviendas.

COMPROMETIDOS

- ¿Es posible que con los nuevos teléfonos se haya perdido la forma tradicional de comunicarnos? ¿Qué inconvenientes tiene?
- ¿Qué podrías hacer para solventar estos inconvenientes?

SABER HACER

Construir un vasófono

En este ejemplo comprobarás cómo un objeto simple puede solucionar un problema en apariencia complejo: la comunicación a distancia entre dos personas.

Utiliza dos vasos de plástico y una cuerda para unirlos. Prueba a comunicarte con un compañero hablando en voz baja. ¿Se oye?

¿Qué ocurre cuando la cuerda es muy larga? ¿Se oye igual de bien?

ACTIVIDADES

6. Pon ejemplos de objetos tecnológicos que uses habitualmente y que hayan evolucionado a partir de inventos anteriores.
7. ¿En qué ha consistido el cambio experimentado por cada objeto del ejercicio anterior?

4 Las líneas del tiempo de la tecnología

Los materiales

Hace 500 000 años. Primeros útiles de **piedra**: hachas de mano y raspadores. Otros materiales que se utilizaron fueron la **madera** y el **hueso**.

4000 a. C. Primeras evidencias del uso de un metal, el **cobre**.

3000 a. C. Los sumerios, un pueblo de Oriente Medio, descubren el **bronce**, aleación de cobre y estaño. Este nuevo material es bastante más duro que el cobre.

2300 a. C. Primeros utensilios fabricados con **hierro** en India y Oriente Medio. En un principio se consideraba un metal precioso, pero más tarde se popularizó.

Hacia el año 100. Invención del **papel** en China.

1862. Obtención del primer **plástico**, la parkesina.

1882. El **acero**, aleación de hierro, se mejora hasta conseguir un material mucho más duro.

1909. Con la **baquelita** comienza la revolución de los plásticos.

1924. Se utilizan ya numerosos tipos de **plásticos**.

1931. Fabricación de **neopreno**, un material muy resistente a la corrosión.

1938. Se patenta el **nailon**, un material extremadamente resistente.

2010. Los nuevos materiales orgánicos permiten elaborar pantallas flexibles.

Actualidad. Se investigan y comienzan a utilizarse los llamados **nuevos materiales**.

El transporte

Hace 5000 años. Invención de la **rueda**.

Hace 4800 años. Primeros **barcos de madera** en Egipto.

370 a. C. Los chinos emplean la **brújula** para navegar.

1769. Desarrollo del primer vehículo impulsado por vapor.

1783. Ascenso en **globo** de los hermanos Montgolfier.

1803. Funcionamiento de la primera **locomotora** de vapor.

1861. Primera bicicleta.

1903. Primer vuelo controlado con motor de los hermanos Wright.

1913. Ford fabrica automóviles (los famosos Ford T) en cadenas de montaje.

1939. Primer **avión a reacción**.

1961. Primer ser humano en el espacio: Yuri Gagarin.

1969. Llegada de tres astronautas estadounidenses a la Luna.

1984. **Tren de alta velocidad** francés (TGV).

1989. La sonda **Voyager 2** envía imágenes de Neptuno.

1994. Inauguración del **eurotúnel**, que comunica Francia con Inglaterra.

2004. Dos vehículos se pasean por la superficie de Marte para estudiar las rocas.

2007. Primer vuelo del avión **Airbus 380**, capaz de transportar a 550 pasajeros.

La vida cotidiana

Hace 5000 años. Invención de la **escritura**, simultáneamente en diversas civilizaciones.

Hace 4000 años. Utilización de **relojes** de arena y de sol en Egipto y Mesopotamia.

1290. Empleo de **espejos** y **lentes** en Europa.

1800. Primeras **fotografías** obtenidas por el francés Niepce.

1800. Pila de Volta.

1833. Funcionamiento del **telégrafo**, instrumento de comunicación a través de cables.

1876. Teléfono de Bell.

1879. Edison y Swan idean la **bombilla**.

1880. Primeros **ascensores** eléctricos.

1891. Primeras **cremalleras** eficientes.

1894. Telégrafo sin hilos de Marconi.

1895. Primera proyección de una película **cinematográfica**.

1935. Primeras emisiones regulares de **televisión** en Alemania.

1935. Existen ya en España más de 1000 km de **tendidos eléctricos**.

1937. Desarrollo de la **cinta adhesiva**.

1938. Se patenta el primer **bolígrafo**.

1946. Desarrollo del **horno de microondas**.

1950. Primeras **tarjetas de crédito** aceptadas en múltiples comercios.

1958. Primer **marcapasos**.

1972. Fabricación de **relojes digitales**.

1995. Lanzamiento del disco **DVD**.

2005. Emisiones de **televisión digital terrestre** en España.

2006. Lanzamiento de las primeras películas en **formato Blu-ray**.

2009. La preocupación por el medio ambiente es cada vez mayor. Las **bombillas de incandescencia** de más de 100 W desaparecen del mercado en la Unión Europea.

2010. Se extienden en España las emisiones de **televisión en alta definición**.

2012. Se prohíbe la comercialización de las **lámparas de incandescencia** en la Unión Europea.

Las nuevas tecnologías

1947. Invención del **transistor**.

1969. Se transmite el primer mensaje desde un ordenador a otro gracias a la **red ARPANET**, la precursora de Internet.

1969. Invención de los primeros **CCD**, los detectores que emplean las cámaras digitales.

1981. Lanzamiento al mercado del **ordenador personal**.

1983. Desarrollo de los **protocolos TCP/IP** que regulan la transmisión de información en Internet.

1990. Nacimiento de la ***world wide web*** a partir de los trabajos de Tim Berners-Lee en el CERN (Ginebra, Suiza).

1995. El sistema **GPS** es operativo.

2000. Las **cámaras fotográficas digitales** empiezan a sustituir a las analógicas.

2001. Apple lanza al mercado su primer **iPod**. Desde entonces se han vendido centenas de millones de iPods en el mundo.

2004. Videoconsolas portátiles en el mercado: la empresa Nintendo lanza la DS, y Sony, la PSP.

2006. Nintendo desarrolla la **videoconsola Wii**, con un mando inalámbrico capaz de detectar el movimiento, muy útil, por ejemplo, para jugar a simuladores de deporte.

2007. Los teléfonos con **pantalla táctil** comienzan a introducirse en el mercado.

2009. Se popularizan los **lectores de libros digitales** (*e-reader*).

2009. Televisores planos de unos pocos milímetros de espesor.

2010. Lanzamiento por parte de la empresa Apple del primer iPad, una **tableta** que supuso una revolución en el mundo de los dispositivos portátiles.

Actualidad. Millones de personas se conectan a **Internet** desde ordenadores, videoconsolas, reproductores mp3, televisores, teléfonos móviles o tabletas. La Red se ha convertido en un medio de comunicación, con servicios a los que recurrir en momentos de ocio…

ACTIVIDADES

8 Completa en tu cuaderno las líneas del tiempo de estas páginas con los últimos avances de cada campo.

REPASA LO ESENCIAL

9 Escribe el nombre de al menos tres soluciones aportadas por la tecnología en relación con cada uno de los ámbitos siguientes. Completa unas tablas como estas en tu cuaderno.

Alimentación	Vestido	Vivienda	Transporte
Frigorífico			
	Dedal		

Sanidad	Comunicaciones	Energía	Ocio

10 Identifica la necesidad que satisfacen los siguientes objetos.

a)

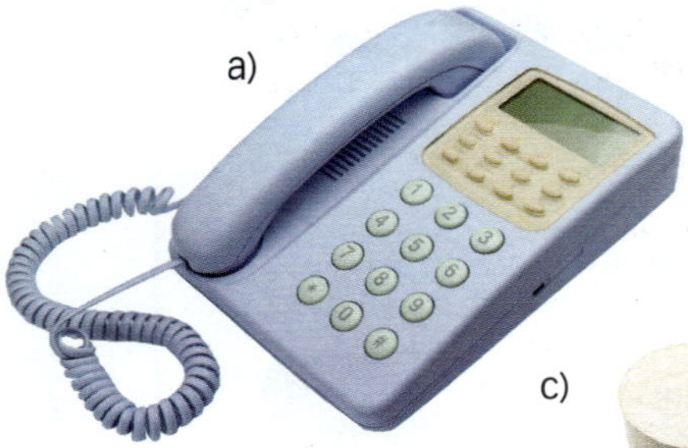

b)

c)

d)

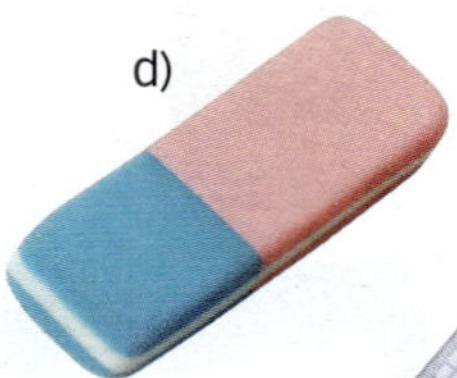

e)

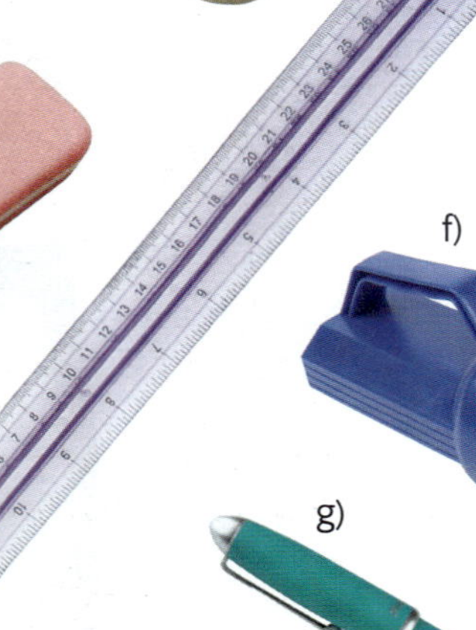

f)

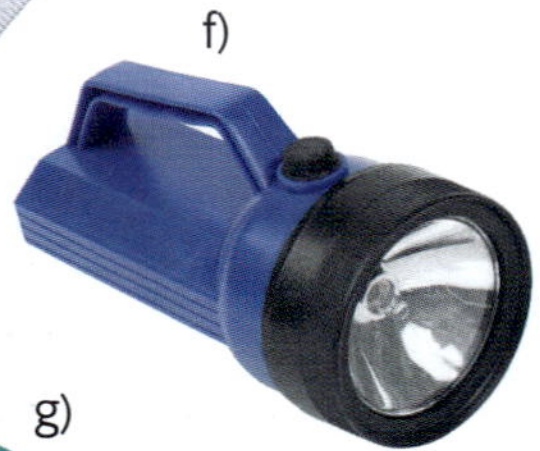

g)

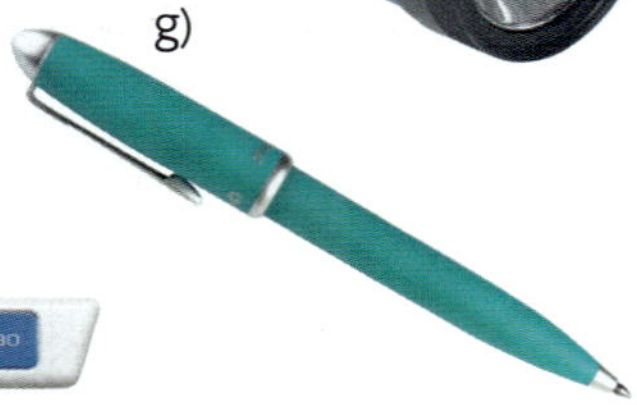

h)

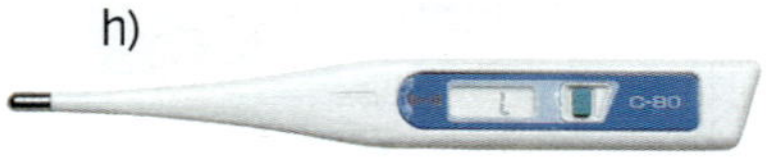

11 Pon ejemplos de objetos tecnológicos que utilices en estos casos.

a) Mientras duermes.
b) Para ir de un lugar a otro.
c) En el instituto.
d) En tu tiempo libre.

12 Completa el esquema siguiente en tu cuaderno añadiendo las diferentes fases del proceso de resolución técnica de problemas. Luego aplícalo a la resolución de un problema cotidiano.

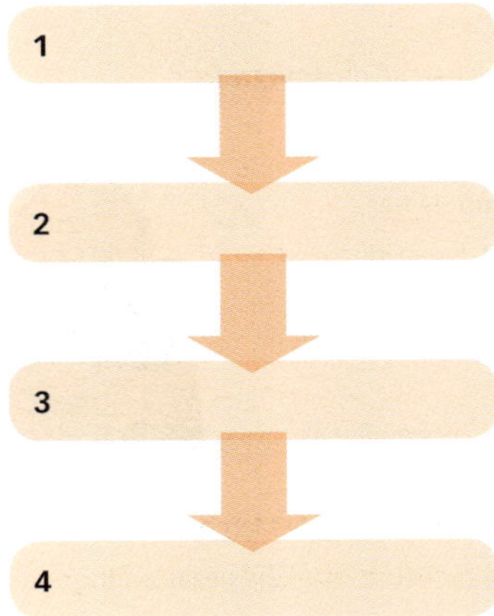

13 Copia en tu cuaderno y asocia cada objeto con el criterio decisivo para su uso: estético, funcional o ambos.

a)

b)

c)

d)

Estético | **Funcional**

14 Ordena los siguientes avances tecnológicos de manera cronológica.

- Pila eléctrica.
- Avión con motor de reacción.
- Desarrollo de la *world wide web*, www.
- Ascenso en globo.
- Uso de relojes de sol.
- Obtención del primer plástico.
- Uso del cobre.
- Empleo de la brújula en navegación.
- Teléfono con pantalla táctil.

PRACTICA

15 Anota soluciones simples y complejas aportadas por la tecnología para resolver estas necesidades.

a) Refrigeración en climas cálidos.
b) Calefacción en climas fríos.
c) Conservación de alimentos.
d) Transporte de cargas pesadas.

16 Explora objetos de tu alrededor y piensa en un diseño o los materiales necesarios para construir un objeto tecnológico que satisfaga las siguientes necesidades. Plasma tus ideas en dibujos.

a) Almacenar huevos sin peligro de que se rompan.
b) Transportar bebidas en una bandeja que evite la caída de los vasos.
c) Enfriar los alimentos en la mesa.
d) Cortar patatas de manera automática.

17 Asocia en tu cuaderno cada elemento de la izquierda con su precursor a la derecha.

A

B

C

D

1

2

3

4
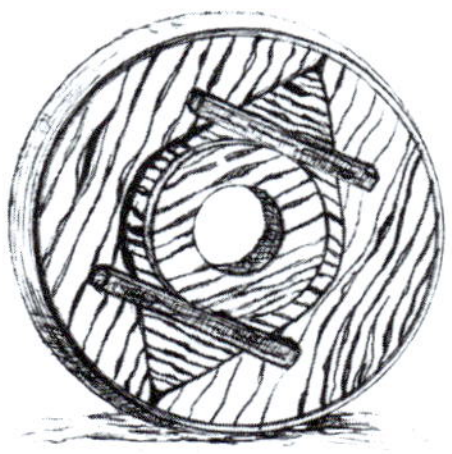

a) ¿Qué ha cambiado?
b) ¿Qué ventajas aporta el objeto tecnológico más moderno?
c) ¿Qué ventajas tienen los objetos tecnológicos más antiguos?

18 Revisa las líneas del tiempo de la tecnología, busca información y relaciona.

a) Algún avance significativo en el campo de los materiales con el desarrollo de algún avance relacionado con el mundo del transporte.
b) Algún avance significativo en el campo de los materiales con el desarrollo de algún avance relacionado con el mundo de las nuevas tecnologías.

AMPLÍA

19 Elabora un dibujo que muestre el diseño de algún método que sirva para colgar un cuadro de una pared.

a) ¿Qué materiales necesitarías?
b) Discute tus diseños con tus compañeros y proponed mejoras con el objetivo de aguantar más peso o conseguir que únicamente se vea el cuadro.

20 En muchas ocasiones los historiadores se preguntan cómo consiguieron algunas civilizaciones antiguas elaborar proyectos que aún hoy nos sorprenden sin la ayuda de grúas o máquinas como las actuales. Deja volar tu imaginación e idea algún método que permita (sin máquinas sofisticadas):

a) Transportar piedras desde canteras situadas a decenas o cientos de kilómetros y amontonarlas, como hicieron los antiguos egipcios, hasta alzar pirámides de más de 30 m de altura.
Época: hace 5000 años.

b) Transportar y levantar las grandes estatuas de la isla de Pascua (Chile), construidas con piedras que pesan decenas de toneladas. Época: hace 1000 años.

APLICA UNA TÉCNICA. Analizar un puente

¿No te parece imposible que se sujete la carretera de un largo puente colgante? La tecnología nos ha proporcionado soluciones verdaderamente admirables.

En el caso de los puentes colgantes, como el de la fotografía, la clave está en cómo sujetar el tablero, es decir, la parte central del puente situada entre ambos pilares.

En este caso hay una «cadena»:

- Los **pilares** se anclan en el suelo para lograr estabilidad.
- Los pilares sujetan **gruesos cables de acero** que van de un pilar a otro formando una curva.
- Estos gruesos cables sujetan a su vez otros **cables verticales**.
- Los cables verticales sujetan la **calzada**.

21 Contesta.

a) ¿Qué necesidad satisface el puente de la imagen?

b) ¿Se te ocurren otras maneras de solventar el mismo problema que resuelve este puente? ¿Cuáles son los problemas que presentan estas soluciones?

22 Completa un esquema con todas las fases del proceso tecnológico por las que hay que pasar hasta conseguir utilizar un puente como el de la imagen sin riesgos.

a) ¿Te parecen necesarias todas las etapas? ¿Por qué?

b) ¿Qué importancia tiene la elección del material en este caso? ¿Existen otros materiales alternativos?

23 Observa la imagen y completa un esquema en tu cuaderno explicando con flechas cómo se sujeta la calzada por la que discurren los vehículos.

24 EXPRESIÓN ESCRITA. Imagina que vives cerca de un río y quieres convencer a las autoridades locales de la necesidad de construir un nuevo puente para atravesarlo. Elabora un documento en el que incluyas:

a) Por qué es necesario el puente.

b) Quiénes se beneficiarán de su construcción.

c) Cuál será la influencia del puente sobre el medio ambiente.

d) Qué beneficios económicos se derivarán de la construcción del puente.

FORMAS DE PENSAR. Análisis ético. ¿Crees que abusamos de la tecnología?

Cuando un joven recicla un móvil salva a un chimpancé

[...] La primatóloga Jane Goodall, Príncipe de Asturias de Investigación Científica 2003, está en España, una vez más, para recordar a la industria del móvil [...] lo mucho que se puede ayudar al planeta al reciclar los teléfonos móviles que ya no se utilizan. Goodall aprovecha su estancia en la capital catalana para subrayar la necesidad de concienciar a la sociedad de los riesgos del abuso de la tecnología.

– ¿Una persona que deja su viejo móvil guardado en casa mata a un chimpancé en África al hacerlo?

– Me gusta más verlo de otra forma. Yo diría que cuando un joven recicla su móvil salva a un chimpancé.

– ¿Qué tiene que ver lo primero con lo segundo?

– Una parte importante del coltán (un tipo de mineral) que se utiliza para la fabricación de los móviles proviene del Congo. Una parte de él se obtiene de minas clandestinas en las que sus trabajadores realizan sus tareas bajo condiciones inhumanas, ganando sueldos ínfimos. Estas condiciones laborales los empujan a matar la fauna que los rodea, entre ellos los chimpancés, para poder comer.

– ¿Todo está conectado?

– Exacto, si reciclamos la mayor parte de este material, reduciremos su demanda y podremos asegurarnos de que las minas que existan cumplan con una regulación más justa para estos trabajadores.

– ¿Y los chimpancés?

– Para salvar a los chimpancés, necesitamos ayudar a sus vecinos, esa gente que termina talando indiscriminadamente los bosques, abriendo camino a los cazadores, para poder llevar un pan a la mesa.

– En Europa también tendríamos que aprender algunas cosas.

– Sí, tenemos que aprender a cuidar mejor el mundo en el que vivimos, prestando atención a las decisiones que tomamos. No pensarlo como un todo, sino decisión por decisión: comprar ciertos productos en lugar de otros, separar la basura, no apoyar acciones que dañan a los animales, reciclar móviles.

– Los niños no pueden cambiarlo todo...

– A los mayores nos toca escucharlos y apoyarlos. Hay cien millones de móviles viejos guardados en cajones en España, sin utilizar. Actualmente, a nivel mundial solo se reutilizan el 5 % de estos aparatos. Se puede reutilizar hasta un 90 % del material de cada móvil inservible.

– ¿Qué nos corresponde hacer?

– Reciclar, a través de asociaciones como el Instituto Jane Goodall, pero también presionar a empresas y gobiernos para que tengan políticas que hagan obligatorio ese reciclaje.

Extracto de una entrevista de Ana Luisa Islas, *ABC* 18 de febrero de 2013.

25 EXPRESIÓN ESCRITA. Resume el texto en tres o cuatro líneas empleando tus propias palabras.

26 COMPRENSIÓN LECTORA. Explica la relación entre el reciclaje de teléfonos móviles en España y la salvación de chimpancés en África.

27 ¿Por qué se habla de la importancia de mejorar el número de teléfonos móviles que se reciclan en España?

28 ¿Cómo es que el reciclaje de móviles en Europa y Norteamérica contribuye a proteger el medio ambiente en África?

29 En el texto se menciona la importancia de los jóvenes y la educación medioambiental.

a) ¿Qué acciones pueden llevar a cabo los jóvenes para proteger el medio ambiente? ¿No son los adultos quienes gobiernan y deciden cómo deben ser las leyes?

b) ¿Qué acciones se te ocurren para aumentar el número de teléfonos móviles reciclados por los jóvenes en España?

30 TOMA LA INICIATIVA. Ahora decide. ¿Qué acciones emprenderías para evitar el uso abusivo de la tecnología? Pon ejemplos.

Construye un polibote

Juan tiene un problema que seguramente sea común a muchos de vosotros. Juan pertenece a un equipo de baloncesto y entrena todos los días. El lugar de entrenamiento queda algo lejos y tiene la costumbre de ducharse antes de irse para casa, pero no hay día que a la hora de meterse en la ducha no se le haya olvidado o el bote de champú o el bote de gel.

¿Se te ocurre alguna idea para facilitar la vida de Juan en este aspecto?

¿Qué necesitas?

Materiales

- Dos botes dosificadores.
- Cinta aislante.
- Bridas.

Herramientas

- Tijeras.

¿Dónde encontrar los materiales?

En droguerías y ferreterías.

Exploración de ideas

Antes de buscar una solución al problema debes documentarte en el tema lo mejor posible.
Por ejemplo, podrías buscar información sobre:

- Características del champú y gel de ducha.
- Envases y dosificadores. Presentaciones disponibles en el mercado.
- Embalaje y distribución.

Una vez documentados, empieza a plantear distintas posibilidades. Esta fase es especialmente enriquecedora si la realizas en grupo.

Existen infinitas posibilidades. Aquí solo se presentan algunas; seguro que a ti se te ocurren otras tantas.

- Que se duche en casa.
- Atar una cuerda a cada bote que los una a la toalla.
- Inventar un gel/champú que sirva para el aseo del pelo y cuerpo.
- Buscar la forma de llevar dos botes en uno.

Te puedes quedar con la última idea: llevar dos botes en uno. Para su concreción y diseño también existen multitud de posibilidades.

- Pegar dos botes iguales (habría que investigar de qué forma: adhesivos, cintas, uniones desmontables pero estancas, etc.).
- Meter un bote dentro de otro (habría que ver cómo dosificar el fluido).

Construcción

A menudo la idea más simple es la más eficaz y acertada (piensa, por ejemplo, en la idea de un *post it*).

Puedes optar por unir dos botes iguales con un par de bridas.

Este diseño se podría completar con un bolsillo en la toalla para que Juan metiera en él este «polibote».

Evaluación

Solo queda comprobar si esta solución es válida para Juan y por fin puede ducharse y lavarse el pelo con el jabón correspondiente.

EL PROCESO TECNOLÓGICO	
Identificación del problema	Solución para no olvidar el bote de gel o de champú.
Exploración de ideas	¿Qué diseños se emplean en el mercado para los botes de gel y de champú?
Diseño y construcción	Fases explicadas en la unidad.
Comprobación	Fases explicadas en la unidad.

PLANIFICACIÓN				
Actividad	Tiempo (sesiones)* 0		1	2
1. Lluvia de ideas	■			
2. Diseño		■		
3. Construcción y ensayos			■	■

*Sesiones de 50 minutos trabajando por parejas.

ACTIVIDADES

31 Con la misma idea de este proyecto puedes ir aportando soluciones para necesidades que aparecen en tu vida cotidiana.

Te planteamos otro reto: «En clase están siempre las mochilas por los suelos; la mesa suele tener un gancho para colgarlas de él pero no lo utilizamos». ¿Se te ocurre otra solución para este problema? Ponla en común con tus compañeros y elegid la mejor solución.

32 USA LAS TIC. Lleva a cabo una lluvia de ideas con el resto de tu grupo para diseñar otras posibles soluciones para este mismo problema. Para reflejarlas por escrito puedes utilizar un documento compartido de Google drive o mejor una wiki (por ejemplo, en Wikispaces) o una aplicación web tipo Padbet (antes Wallwisher) donde crear un mural para que todos los miembros del grupo aporten sus ideas.

2 Dibujo

SABER

- Instrumentos de dibujo.
- Vistas ortogonales.
- Vistas en perspectiva.
- Acotación.
- La escala en el dibujo.
- Cortes y secciones.
- Boceto, croquis y dibujo delineado.

SABER HACER

- Representar las vistas ortogonales de un objeto.
- Interpretar dibujos para construir objetos.

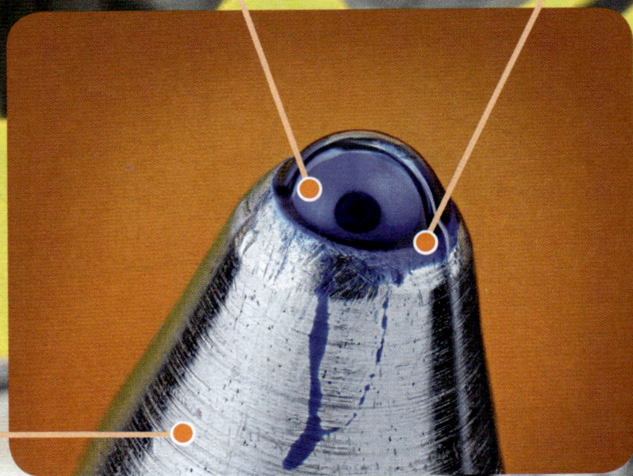

La **bola** es la parte que impregna la tinta sobre el papel. Está elaborada con un material muy duro y resistente: carburo de tungsteno.

La **tinta** usada en la actualidad es un compuesto artificial muy fluido que incluye sustancias que actúan a modo de colorante.

Una **pieza metálica** permite rotar a la bola. De esta manera se va impregnando de tinta continuamente a medida que escribimos.

INSTRUMENTOS DE ESCRITURA

Pluma. Durante siglos la pluma fue el instrumento empleado para escribir o dibujar con tinta. Se impregna la punta con tinta y se desliza sobre el papel.

Pluma estilográfica. Con el tiempo se añadió un depósito para la tinta. La escritura resulta más cómoda.

Bolígrafo borrable. La tinta ofrece una escritura permanente, frente a los trazos a lápiz, que pueden borrarse fácilmente. En 1979 apareció en el mercado el primer bolígrafo borrable. Lleva incorporado el borrador en el extremo opuesto a la punta.

Bolígrafo de 4 colores. Varios depósitos de tinta y varias puntas añaden versatilidad a este instrumento. Un mecanismo con muelles permite cambiar rápidamente de un color a otro.

NOS HACEMOS PREGUNTAS. **¿Cómo funciona un bolígrafo?**

Estamos tan habituados a ciertas herramientas y nos parecen tan sencillas que creemos que existen desde siempre. El bolígrafo, por ejemplo, es uno de esos útiles de funcionamiento simple. Sin embargo, su historia es relativamente reciente: lleva menos de un siglo entre nosotros. Fue patentado por el húngaro **László József Biro** hacia 1940. Y en 1948 **Marcel Bich** lo perfeccionó y abarató.

Sus ventajas: permite escribir o dibujar con precisión, sin borrones de tinta, y sabiendo cuánta tinta tenemos disponible.

? INTERPRETA LA IMAGEN

- Explica con pocas palabras cómo se traslada la tinta desde un bolígrafo hasta el papel.
- ¿Por qué se emplea una bola como elemento clave en un bolígrafo? ¿No se podría usar una pieza plana?

CLAVES PARA EMPEZAR

- ¿Qué instrumentos se manejan a la hora de dibujar?
- ¿Qué ventaja aporta cada instrumento frente al dibujo a mano alzada?

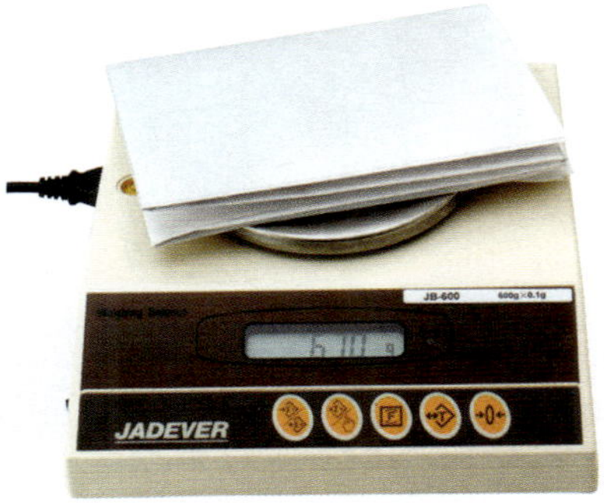

Llamamos **gramaje** a la masa que tiene un metro cuadrado de papel. Los folios normales tienen un gramaje de unos 80 g/m^2. Para impresiones fotográficas se emplean gramajes superiores, es decir, papeles más gruesos.

1 Instrumentos de dibujo

Para dibujar necesitamos:

- **Un soporte.** Habitualmente plasmamos nuestros diseños sobre papel, aunque la llegada de los ordenadores permitió dibujar directamente sobre la pantalla usando el ratón, por ejemplo.
- **Instrumentos para trazar y borrar.** Lápiz, portaminas, estilógrafo, rotulador, goma de borrar…
- **Instrumentos auxiliares.** Nos proporcionan precisión a la hora de dibujar. Por ejemplo, la regla o el compás.

Soporte: el papel

El papel es el soporte más empleado para escribir, dibujar o elaborar planos. Existen muchos tipos de papel, pero para dibujar se suelen emplear papeles satinados de color blanco. Deben ser suficientemente porosos para absorber la tinta y fijarla.

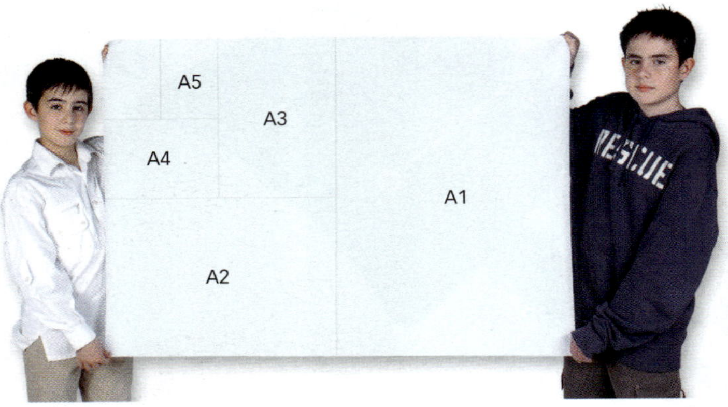

Para denominar los tamaños del papel utilizamos la letra A seguida de un número. El tamaño A4 es el más usado. Una hoja A4 mide 21 cm × 29,7 cm.

? INTERPRETA LA IMAGEN

- ¿Qué relación hay entre el tamaño A4 y el tamaño A3?
- ¿Qué relación hay entre el tamaño A4 y el tamaño A5?
- ¿Cuánto mide, en milímetros, una hoja de tamaño A1?

Instrumentos para trazar

El lápiz

El lápiz es el instrumento de dibujo más empleado. Consta de una mina de grafito recubierta de madera. Los lápices se clasifican según su dureza.

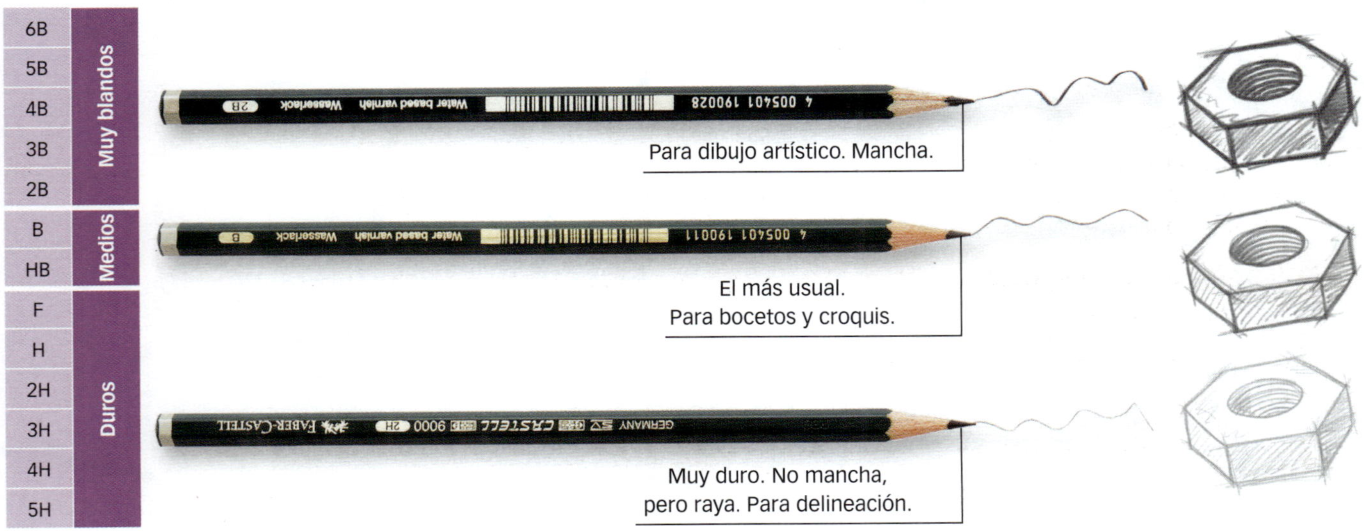

El portaminas

El portaminas es similar a un bolígrafo, pero en su interior tiene un mecanismo que sujeta la mina y permite extraerla a medida que se desgasta. Las minas de los portaminas se clasifican por su dureza y por su diámetro. Las minas de 0,5 o 0,7 son las más usuales.

SABER HACER

Usar lápices de diferente dureza

El uso de lápices de distinta dureza permite añadir matices a los dibujos. ¿Qué lápices se han empleado en estos dibujos? Intenta reproducir dibujos similares en tu cuaderno.

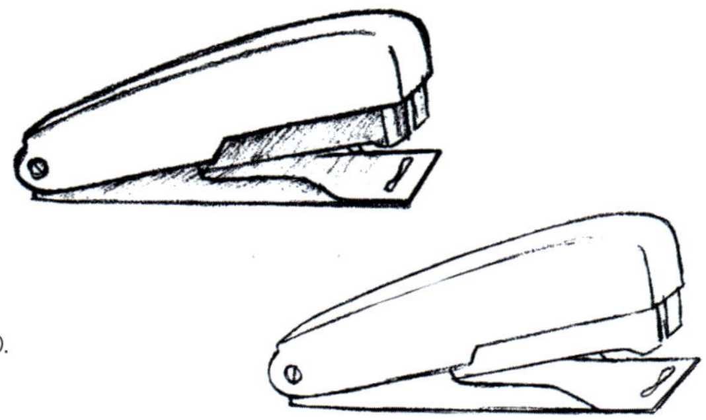

PRESTA ATENCIÓN

Cuando no estés usando el estilógrafo debes limpiarlo y cerrarlo. Así evitarás que se seque la tinta.

El estilógrafo

El lápiz se puede borrar fácilmente; la tinta, en cambio, no. Por eso, para dibujos definitivos utilizamos los estilógrafos, que trazan líneas permanentes de tinta.

Se clasifican también por el grosor del trazo de la línea. Los estilógrafos más utilizados tienen grosores de entre 0,1 y 1 mm.

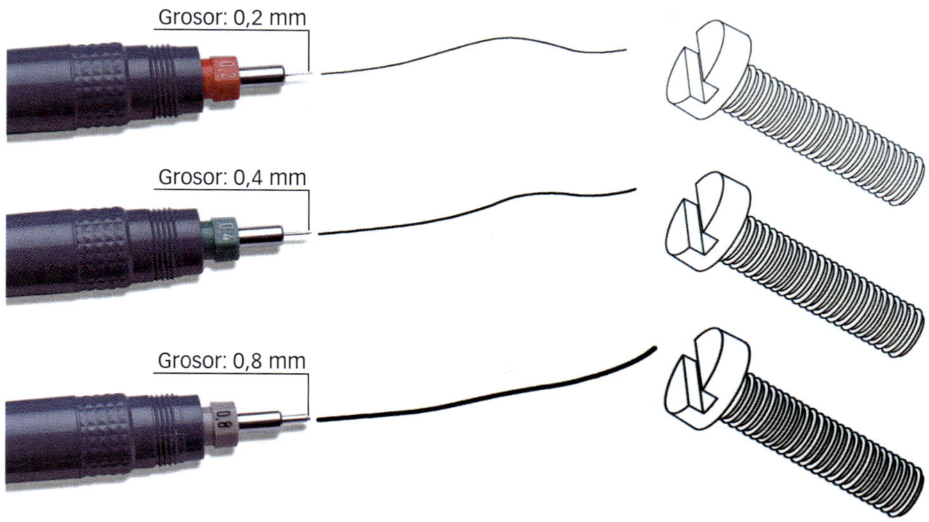

ACTIVIDADES

1. Coge una hoja A4 y dóblala sucesivamente por su mitad más larga. ¿Qué nuevos tamaños consigues? Comprueba si tu carné escolar o algún otro tipo de carné coincide con la medida de alguno de estos formatos.

2. Realiza el dibujo de la derecha a mano alzada empleando lápices de diferentes durezas.
   a) ¿Qué diferencias observas en el acabado del dibujo?
   b) ¿Cuál resulta más fácil de borrar si te equivocas?

3. Ahora usa estilógrafos con dos grosores diferentes para completar el mismo dibujo.

Instrumentos auxiliares de dibujo

La regla

La regla es un instrumento empleado para tomar medidas lineales y trasladarlas. Está graduada en milímetros. Las reglas más habituales suelen ser reglas planas biseladas de 20 o 30 cm de longitud.

El bisel de la **regla** sirve para facilitar la lectura de las medidas sobre el papel.

La escuadra y el cartabón

Son los útiles empleados para trazar líneas rectas. Tienen forma de triángulo rectángulo (con un ángulo de 90°):

- **La escuadra es un triángulo isósceles:** tiene dos lados de igual longitud. Sus ángulos miden 45°, 45° y 90°.
- **El cartabón es un triángulo escaleno:** tiene los tres lados de distinta longitud. Sus ángulos miden 30°, 60° y 90°.

Utilizados conjuntamente, la escuadra y el cartabón permiten trazar líneas paralelas y perpendiculares con facilidad y precisión. Los cantos de la escuadra y el cartabón no deben estar biselados, para facilitar su manejo, y no es necesario que tengan graduación, aunque lo habitual es encontrar escuadras y cartabones graduados. Para medir es más cómodo utilizar la regla.

SABER HACER

Trazar rectas paralelas y perpendiculares

1. Mantén fijo el cartabón y coloca la escuadra sobre él. Sujeta escuadra y cartabón con una mano.
2. Con la otra mano traza una línea sobre la hipotenusa de la escuadra, es decir, sobre su lado más largo.
3. Desliza la escuadra sobre el cartabón para dibujar varias líneas paralelas.
4. Para trazar líneas perpendiculares dale la vuelta a la escuadra. Traza las líneas de nuevo sobre la hipotenusa de la escuadra.

El compás

El compás se usa para trazar arcos de circunferencia o bien circunferencias completas. Tiene dos brazos unidos por su parte superior, por donde se sujeta.

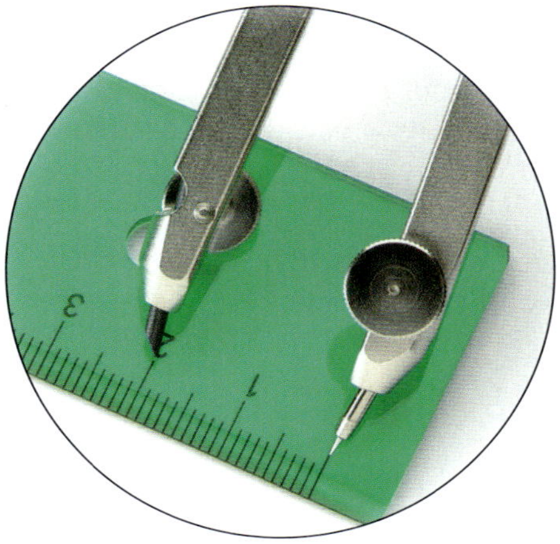

Observa en la figura cómo podemos emplear el compás para transportar medidas.

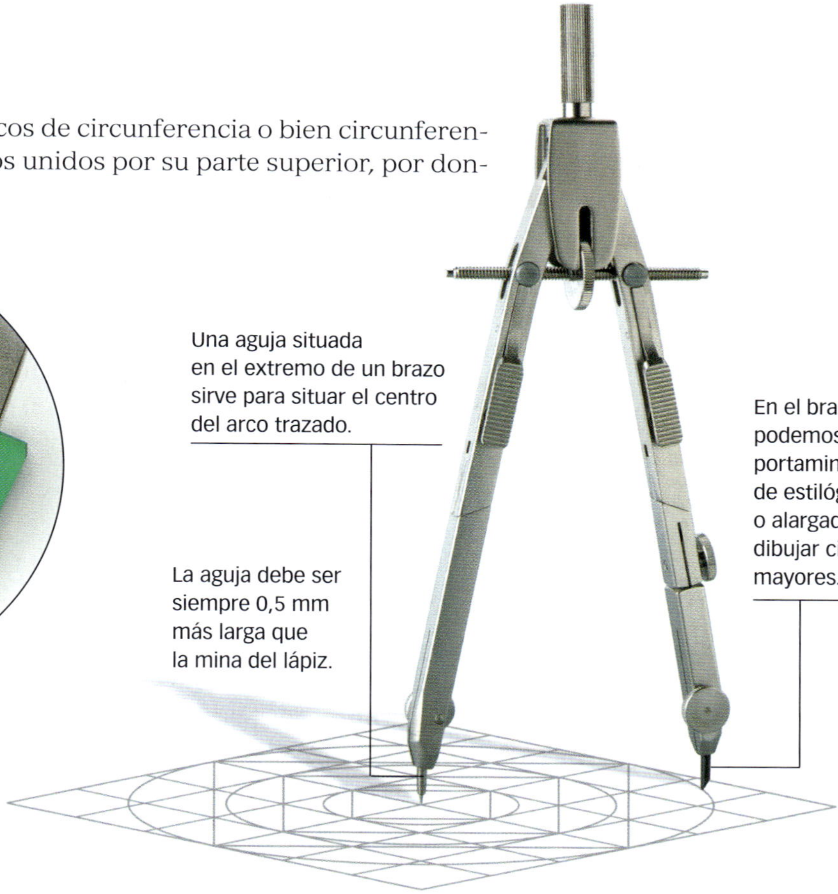

Una aguja situada en el extremo de un brazo sirve para situar el centro del arco trazado.

La aguja debe ser siempre 0,5 mm más larga que la mina del lápiz.

En el brazo trazador podemos colocar portaminas, adaptador de estilógrafo o alargadores para dibujar circunferencias mayores.

El transportador de ángulos o goniómetro

El transportador de ángulos permite medir ángulos. Puede ser semicircular o circular. Es transparente y está graduado en grados sexagesimales.

El vértice del ángulo se sitúa sobre el centro del **transportador**. Uno de los lados del ángulo se coloca sobre el cero de la escala. El otro lado indica la medida sobre la regla graduada.

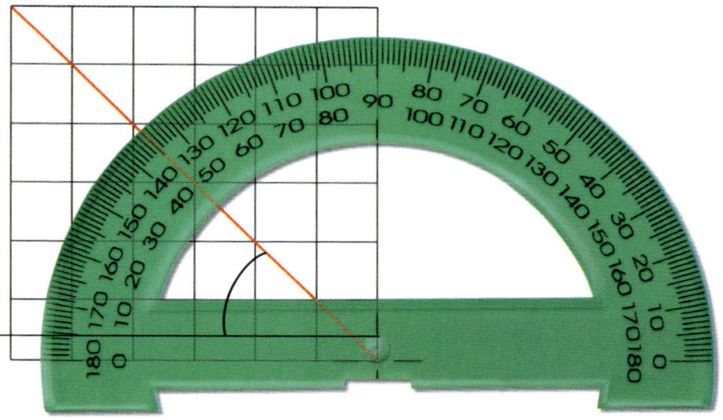

ACTIVIDADES

4 Con la ayuda de la regla, la escuadra y el cartabón dibuja un damero con 5 líneas horizontales y 5 líneas verticales separadas 1 cm.

5 Utiliza la escuadra y el cartabón para obtener ángulos de 75° y 135°. Luego comprueba con el transportador de ángulos que tu dibujo es correcto.

6 Dibuja la inicial de tu nombre en mayúsculas sobre círculos concéntricos, tal y como se observa en la figura de la derecha. Da más grosor al arco que queda en el interior de la letra. A continuación borra las líneas entre círculos.

7 En el dibujo de la mesa de billar mide el ángulo con el que choca la bola y dibuja el rebote con precisión. ¿Golpeará la otra bola?

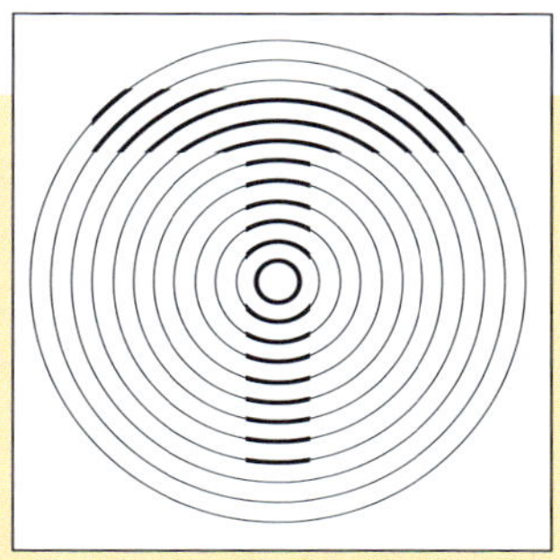

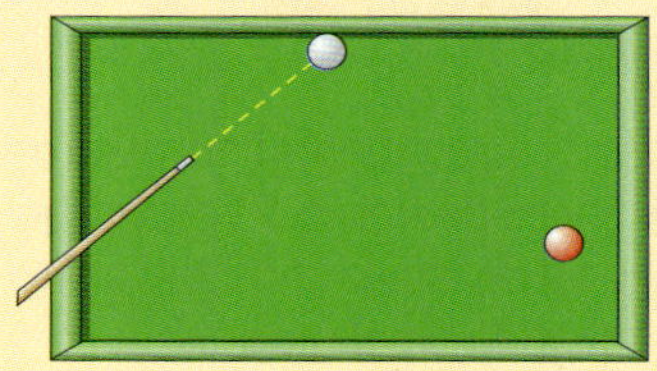

2 Vistas ortogonales

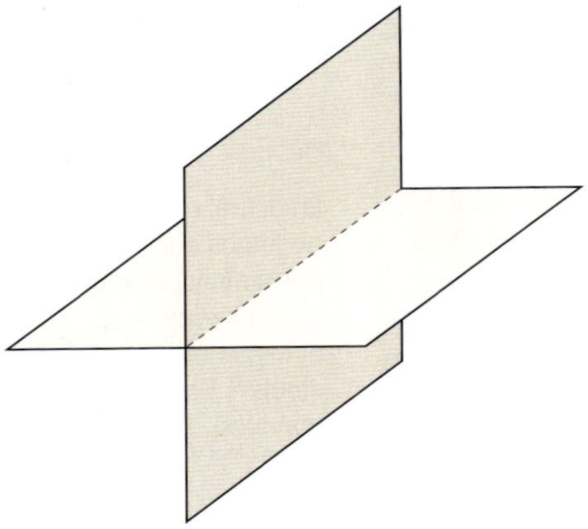

Un **diedro** se forma con la intersección de dos planos.

Sistema diédrico

Imagina que estás en una habitación a oscuras y, con la luz de una linterna, proyectas la sombra de un objeto sobre la pared. Este es el fundamento del **sistema diédrico**.

Un **diedro** es una de las regiones en que queda dividido el espacio cuando dos planos se cortan perpendicularmente.

Proyecciones

Como muestra la figura del margen, existen cuatro diedros definidos por dos semiplanos y una arista de diedro, donde se cortan. El sistema diédrico utiliza los planos perpendiculares entre sí como soportes sobre los que se proyectan las vistas de un objeto.

El **punto** se proyecta en ambos planos. Observa que las proyecciones están a una determinada distancia desde la arista. Estas distancias son las coordenadas de ese punto.

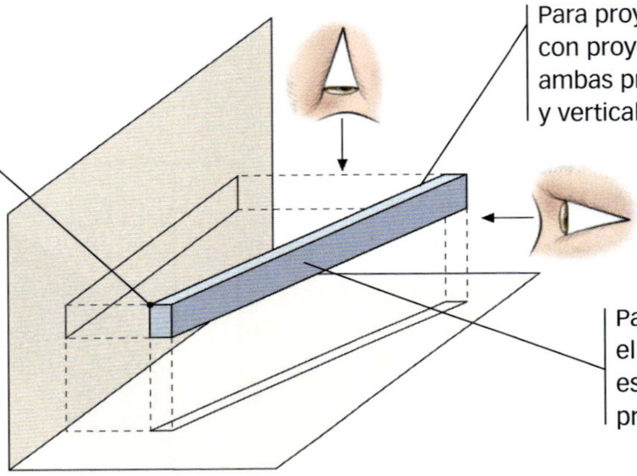

Para proyectar un **segmento** basta con proyectar sus extremos y unir ambas proyecciones, horizontal y vertical, respectivamente.

Para proyectar un **volumen** se sigue el mismo proceso que para el segmento; es decir, se proyectan los puntos principales que configuran la pieza.

SABER HACER

Proyectar vistas en el sistema diédrico

Para construir tu propio **diedro** basta con unir dos folios y colocarlos sobre la mesa formando un ángulo de 90°.

1. Coloca el objeto dentro del diedro y obsérvalo de frente. La proyección ortogonal del objeto sobre el plano vertical se llama **alzado**.

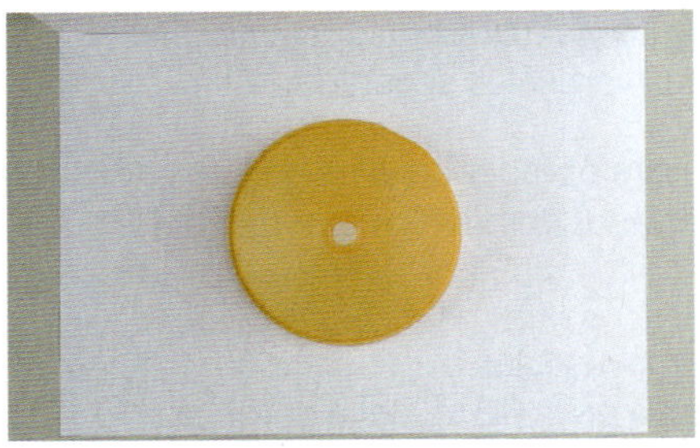

2. Ahora sitúate encima del objeto y observa su silueta. La proyección ortogonal del objeto sobre el plano horizontal se llama **planta**.

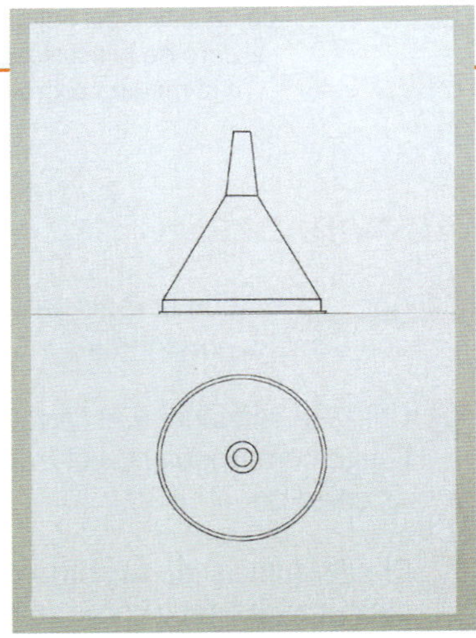

3. Si abres el diedro formando 180° obtienes la representación del objeto en el sistema diédrico.

Vistas laterales

El sistema diédrico es un instrumento muy valioso para el proceso de diseño, ya que permite manejar objetos muy complejos a través de sus vistas, que son más sencillas. Pero en algunos objetos, además del alzado y la planta, es necesaria **una tercera proyección para describir completamente la pieza**.

Observa la figura de la derecha: los dos objetos **A** y **B**. Si dibujamos el alzado y la planta de los objetos, ¿cómo se diferenciarían uno del otro en sistema diédrico? Como ves, para diferenciar los objetos necesitamos una **tercera vista** sobre un plano perpendicular a los dos que ya conocemos: el **perfil**. Así, el sistema diédrico queda conformado por tres vistas: **alzado**, **vista lateral (perfil)** y **planta**.

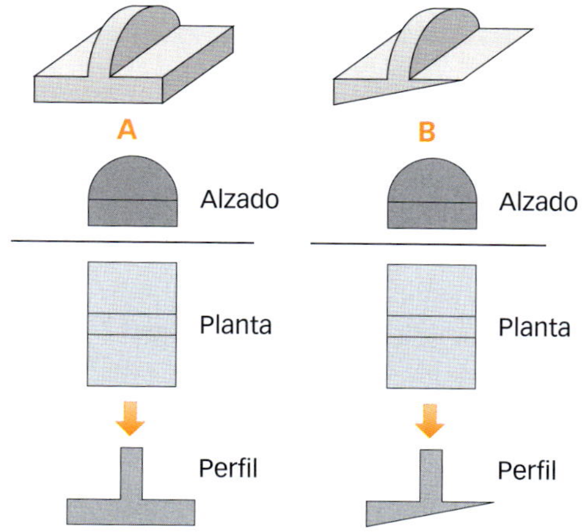

SABER HACER

Obtener las vistas ortogonales de un objeto

1. Forma un triedro con una hoja en tamaño A3. Corta la parte sobrante para que quede un cuadrado y dóblalo en cuatro partes iguales. Pliega el papel hasta formar el triedro.
2. Sitúa el objeto dentro del **triedro**. Sitúate frente al **alzado**: la vista más representativa.
3. Tomando como referencia el alzado, mueve el punto de observación 90º a la izquierda, de manera que veas el lateral izquierdo. Este es el **perfil**.
4. De nuevo, tomando como referencia el alzado, mueve el punto de observación 90º hacia arriba y sitúate encima de la pieza. Estarás viendo la **planta**.

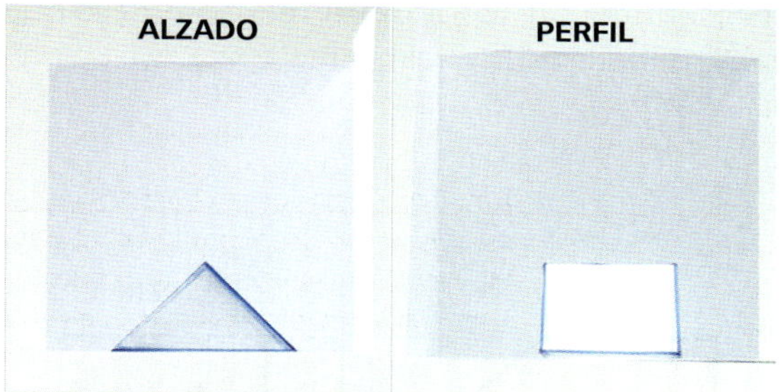

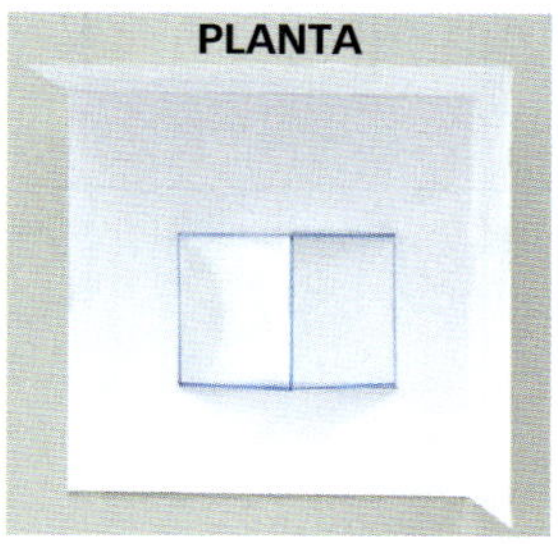

Sobre el papel se dibujan las proyecciones tomando como referencia el alzado. Debajo, la planta, y a la derecha del alzado, el perfil.

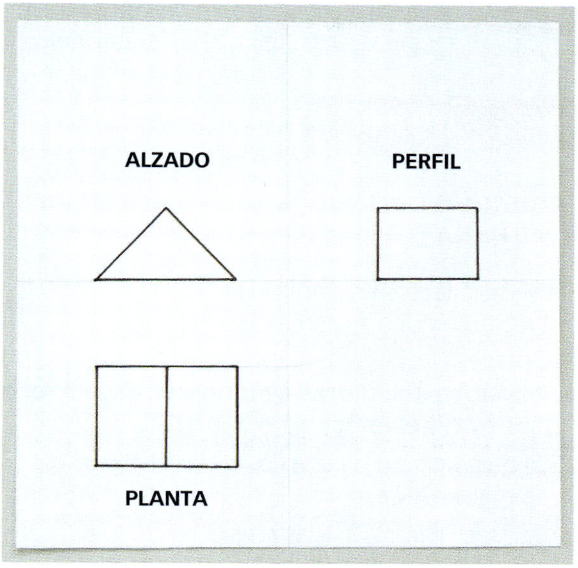

ACTIVIDADES

8 Completa las vistas ortogonales que faltan para representar las figuras.

a)

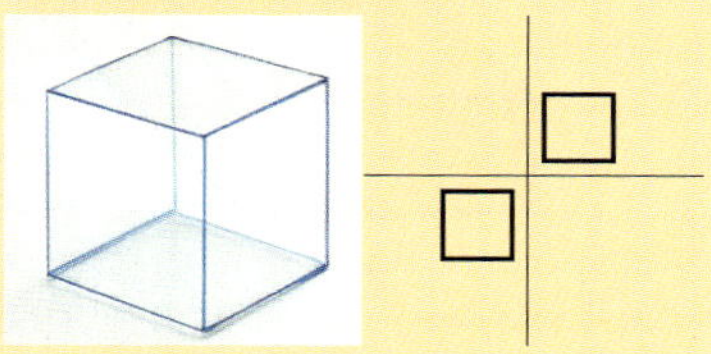

b)

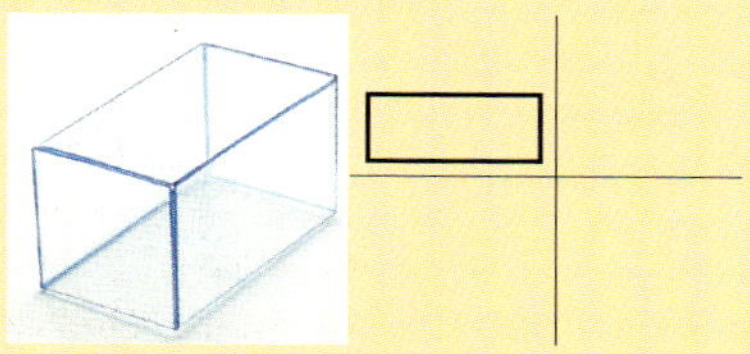

c)

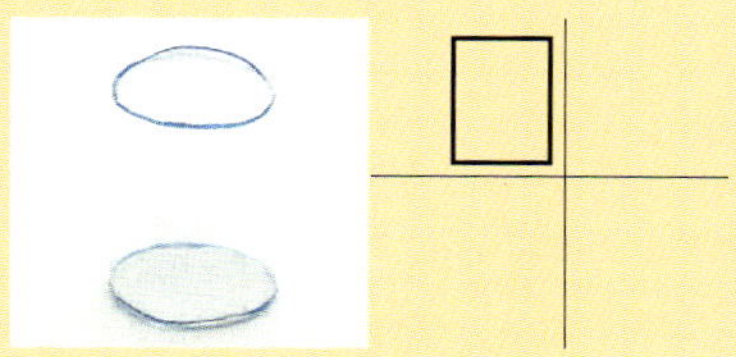

RECUERDA

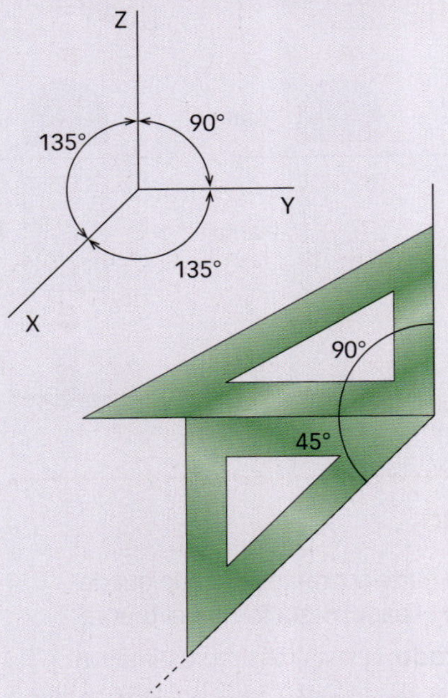

Para obtener un ángulo de 135° utiliza los 90° del cartabón y 45° de la escuadra.

3 Vistas en perspectiva

La vista en **perspectiva** es una proyección en la que la dirección de observación de la pieza es oblicua; es decir, no coincide con ninguno de los ejes coordenados.

Vamos a estudiar dos tipos de perspectiva, la **isométrica** y la **caballera**.

Perspectiva caballera

La representación **caballera** es una vista en perspectiva construida sobre tres ejes coordenados. Dos de ellos forman 90°, y el tercero, 135° con los dos anteriores.

Como podrás observar, en la perspectiva caballera la cara situada en el plano del papel coincide con el alzado en sistema diédrico. Así pues, para realizar una perspectiva caballera debemos situar las medidas reales sobre los ejes Z e Y dibujando las curvas tal y como son en el alzado.

Para que los objetos no parezcan deformados se aplica un **coeficiente de reducción de 2/3** sobre las medidas en el **eje X**. Las aristas paralelas a los ejes Z o Y se representan con su longitud real, mientras que las paralelas al eje X se deben reducir multiplicándolas por 2/3.

SABER HACER

Obtener la perspectiva caballera de un objeto a partir de sus vistas ortogonales

Las vistas ortogonales permiten obtener una representación en perspectiva del objeto representado.

1. Primero se dibujan **tres ejes: dos, en ángulo recto,** ejes Y y Z; **y el tercer** eje, el X, **a 135°**.
2. Se traza primero la parte delantera del objeto en el plano del papel.
3. Se trazan líneas paralelas al eje X teniendo en cuenta el **coeficiente de reducción en las medidas** en este eje. Es decir, para representar un cuadrado, el lado paralelo al eje X es más corto que los lados paralelos a los ejes Y o Z.
4. Luego se completa el dibujo en perspectiva trazando el resto de líneas.

La representación de un objeto usando perspectiva nos ofrece una visión más cercana a la realidad y permite comprender mejor la relación entre las distintas partes que forman un objeto.

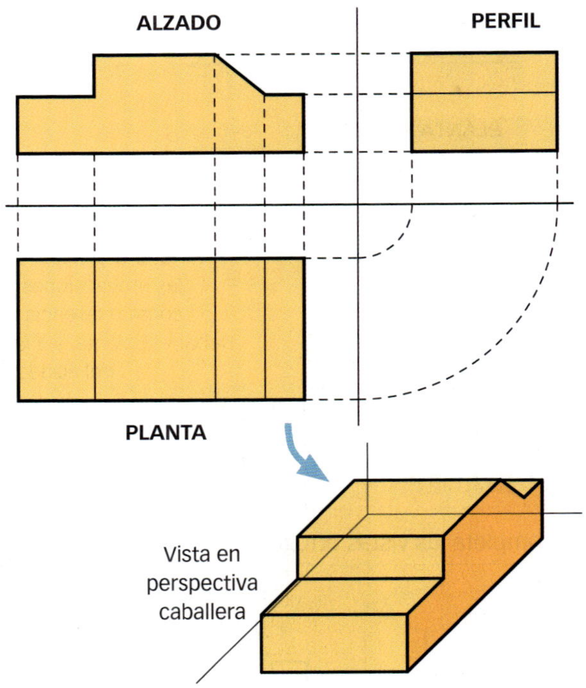

Perspectiva isométrica

La representación **isométrica** es una vista en perspectiva construida sobre tres ejes coordenados que forman un ángulo de 120° entre sí.

Los ejes coordenados marcan las direcciones principales y forman un sistema de referencia para situar cada punto en el espacio.

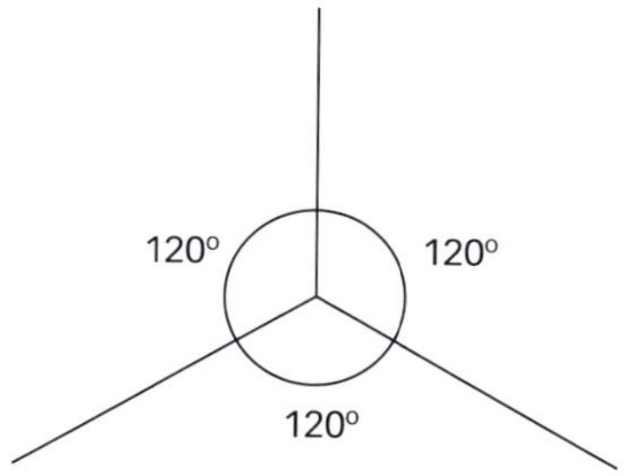

Los ejes de la perspectiva isométrica forman ángulos de **120°** entre sí.

SABER HACER

Obtener la perspectiva isométrica a partir de las vistas ortogonales

Para obtener la vista en perspectiva isométrica puedes ayudarte de un triedro.

1. Observa el alzado, la planta y el perfil de la figura e intenta imaginar cómo es esa pieza en tres dimensiones.
2. Utiliza un triedro con la pieza en tres dimensiones.
3. Dibuja los ejes coordenados X, Y, Z, separados 120° entre sí.
4. Traza las aristas que definen la pieza paralelamente a los ejes que forman el triedro, es decir, los tres ejes de la perspectiva isométrica.

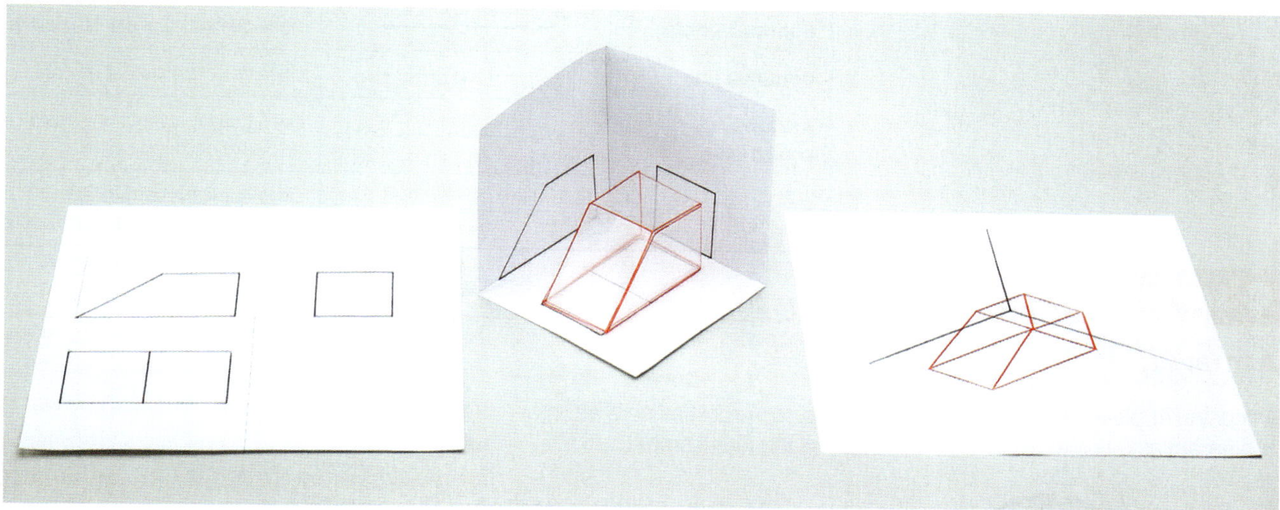

ACTIVIDADES

9 Observa las vistas ortogonales y realiza el dibujo en perspectiva caballera de la pieza que representan.

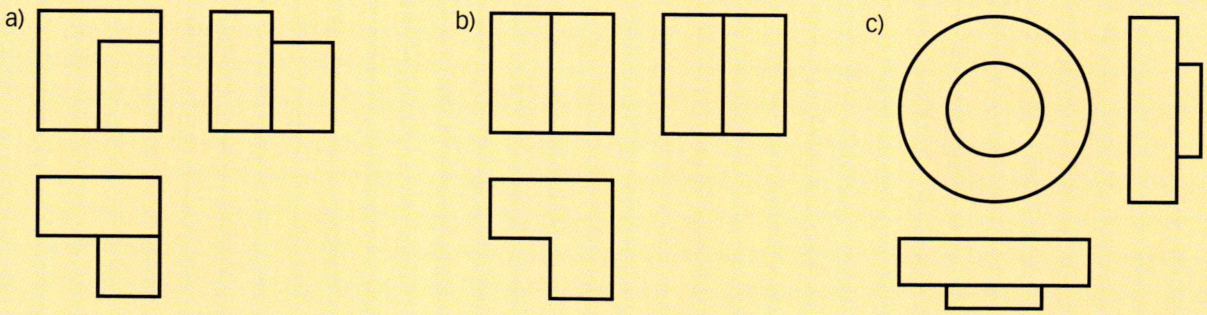

10 Ahora intenta representar los mismos objetos en perspectiva isométrica.

4 Acotación

Si queremos utilizar un dibujo de un objeto como base para comenzar a construirlo, necesitamos conocer las dimensiones de cada parte.

Acotar es incluir las dimensiones reales del objeto en un dibujo.

La acotación nos permite construir el objeto dibujado con total precisión.

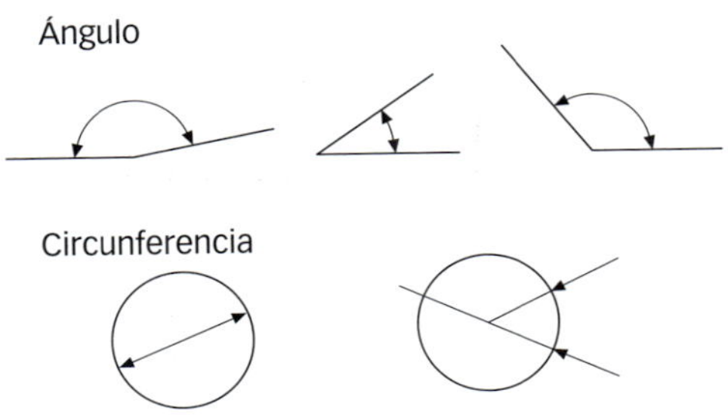

Acotación de **ángulos** y **circunferencias**. Para indicar el diámetro se emplea el símbolo Ø.

Tipos de líneas empleadas para acotar

Para determinar las cotas de un objeto se emplean distintos tipos de líneas junto a las que se incluyen, con números y con las medidas expresadas en milímetros habitualmente, las dimensiones: longitudes, diámetros…

Nombre	Tipo de línea	Descripción
Continua gruesa	———————	Línea que indica una arista visible.
Continua fina	———————	Línea de cota o auxiliar de cota.
A trazos semigruesa	- - - - - - - - - - - - -	Línea que representa una arista no visible desde esa vista.
Punto y trazo fino	—·—·—·—·—·—··	Línea que representa el eje de una circunferencia o un cilindro.

➔ SABER HACER

Acotar un dibujo

En cualquier plano las dimensiones del objeto son cruciales para afrontar con garantías de éxito el proceso de construcción del mismo.

Piezas a acotar. Hay que acotar largo, ancho y alto.

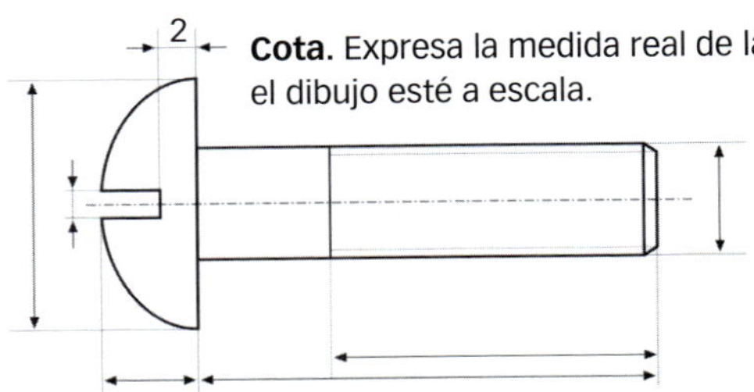

Cota. Expresa la medida real de la pieza aunque el dibujo esté a escala.

Línea auxiliar de cota. Indica el límite de lo acotado.

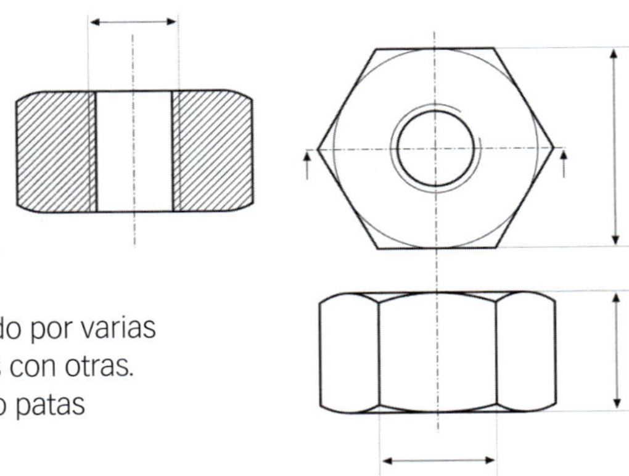

Línea de cota. Normalmente es paralela a la dirección de la arista que se desea acotar y tiene la misma longitud. Termina con punta de flecha. No debe estar más cerca de 8 mm respecto de la arista.

Flecha de la cota. Determina los límites de la línea de cota. Todas las puntas de flecha deben ser del mismo tamaño.

En conjunto un objeto está formado por varias piezas y estas deben encajar unas con otras. ¿Te imaginas una mesa con cuatro patas de longitudes diferentes?

Normas a tener en cuenta durante la acotación

Bien

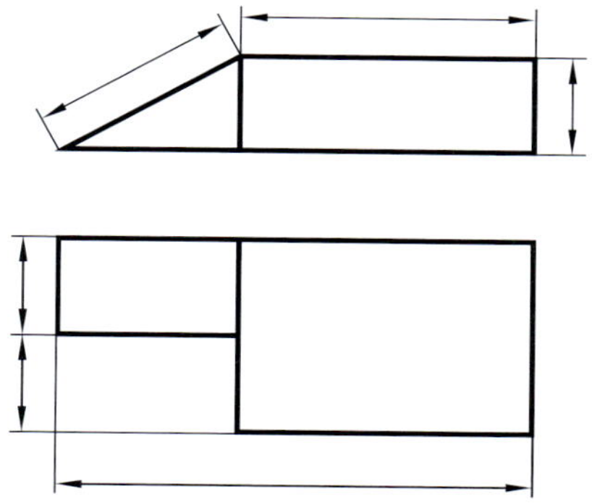

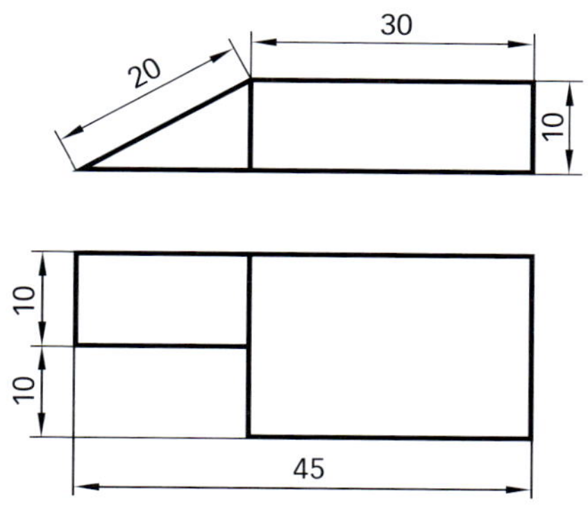

Repasa la normalización

Las líneas de cota y las líneas auxiliares deben ser notablemente más finas que las líneas que representan las aristas del objeto.

La **línea de cota**:

- Se coloca paralela a la arista y suficientemente separada.
- Se limita por las líneas auxiliares y no por el contorno de la pieza.
- Las flechas que la limitan son finas, alargadas y llegan hasta la línea auxiliar.

Las **líneas auxiliares de cota**:

- Son perpendiculares a la línea de cota.
- Sobresalen un poco de la línea de cota.
- No cortan la línea de cota.

Las **cotas**:

- Indican la medida real.
- Están indicadas en mm, pero nunca se pone la unidad.
- No cambian si se modifica la escala del dibujo.
- Se colocan centradas y por encima de la línea de cota (o a la izquierda si la línea es vertical y leído de abajo arriba). Nunca por dentro del objeto.
- Solo se emplea el número de cotas necesarias para definir el tamaño de la pieza.
- Los números son impersonales y del tamaño apropiado.

Mal

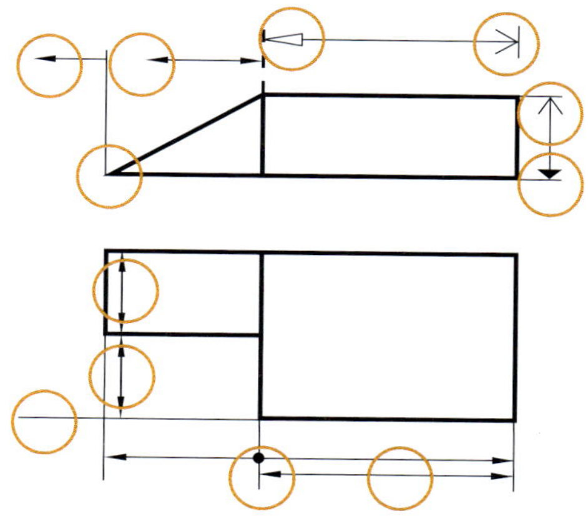

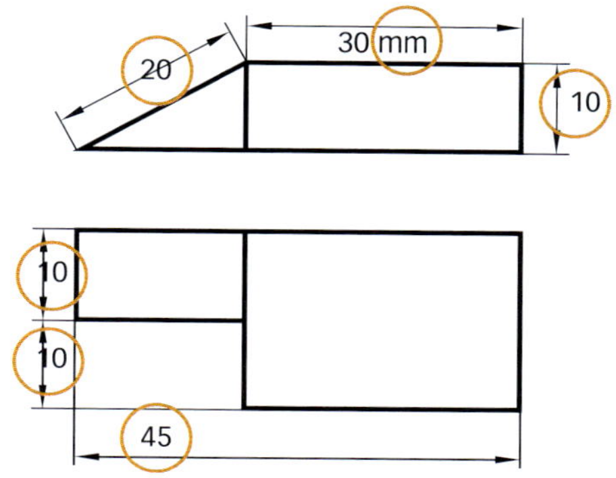

ACTIVIDADES

11 Observa la figura de la derecha y representa sus vistas ortogonales (alzado, planta y perfil). Luego acota los dibujos convenientemente, usando los diferentes tipos de línea y empleando las unidades habituales.

- Altura de la casa: 25,2 cm.
- Distancia desde la parte inferior del tejado al suelo: 11,6 cm.
- Altura de la puerta: 9,2 cm.
- Anchura de la puerta: 5,6 cm.
- Anchura total sin incluir el tejado: 16,8 cm.
- Anchura total incluyendo el tejado: 21,0 cm.

1. EJEMPLO RESUELTO

A qué escala habría que dibujar una cancha de baloncesto de 28 × 15 m de modo que quepa en una hoja de papel de tamaño A4 (210 × 297 mm).

El lado mayor del campo es 28 m. Expresa esta distancia en milímetros:

$$28\,\cancel{m} \cdot \frac{1000\text{ mm}}{1\,\cancel{m}} = 28\,000\text{ mm}$$

El lado mayor de la hoja es 297 mm. Si descuentas un margen de 5 mm a cada lado hay disponibles 287 mm. Esta es la longitud que tiene el dibujo de la cancha. Dividiendo la longitud real de la cancha entre la longitud del dibujo obtienes la escala:

$$\frac{28\,000\text{ mm}}{287\text{ mm}} = 97{,}56$$

Es decir, puedes optar por una escala **1:100** para la representación, puesto que se elige un número exacto mayor que el obtenido.

SABER HACER

Obtener la sección de un objeto

Una manera de obtener la sección de un objeto:

1. Corta el objeto por la mitad, e impregna de tinta la superficie.

2. Presiona sobre un papel con fuerza para dejar la marca de la sección.

5 La escala en el dibujo

Llamamos **escala** a la relación de tamaño que existe entre las dimensiones del dibujo y el tamaño que tiene el objeto real al que representa.

Unidad de medida en el dibujo ⟶ **1 : 2** ⟵ Dimensión real del objeto

Así, en un dibujo elaborado a escala 1:2 el objeto real tiene el doble de tamaño que el dibujo. 1 cm del dibujo equivale a 2 cm en el objeto real.

Uso de la escala:

- **Representar objetos demasiado grandes.** Se utilizan para planos de edificios: 1:200, 1:100 y 1:50, mapas urbanísticos: 1:25 000, 1:50 000, etc.
- **Representar objetos demasiado pequeños.** Se utilizan en las piezas industriales o circuitos electrónicos: 2:1, 10:1, etc.

6 Cortes y secciones

Para representar cómo es un objeto por dentro utilizamos unas vistas adicionales llamadas **cortes** y **secciones**.

Para realizar un corte o una sección elegimos un plano de corte y lo señalamos mediante una línea de trazos y puntos finos.

- En el **corte** se representa todo lo que hay tras el plano de corte.
- En una **sección** solo se representa lo que queda «contenido» en el plano de corte.

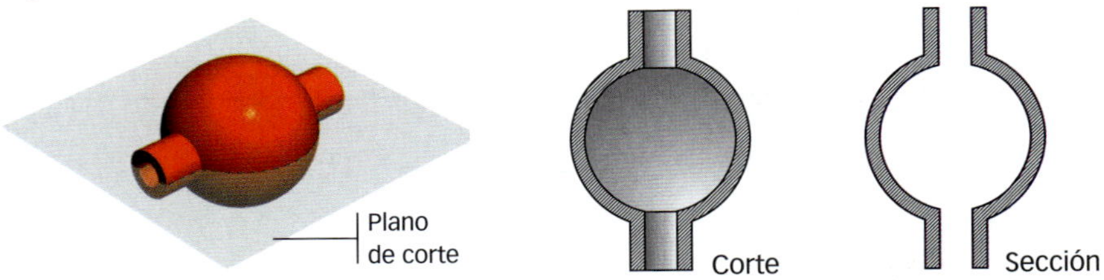

Cuando cortemos una pieza debemos rayar las partes macizas, de manera uniforme, con líneas a 45°.

ACTIVIDADES

12 Observa las figuras y representa el corte y la sección de cada objeto teniendo en cuenta cuál es el plano de corte en cada caso.

a)

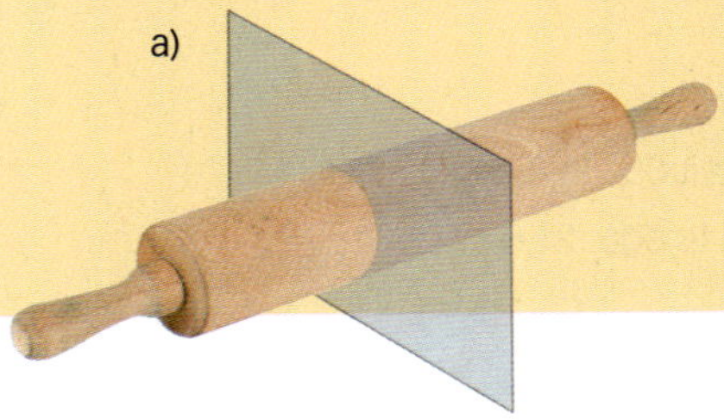

b)

7 Boceto, croquis y dibujo delineado

La precisión con la que debemos realizar un dibujo no es siempre la misma. Cuando estamos en la fase de diseño a menudo se valoran diferentes formas, dimensiones, etc., para el objeto que queremos construir. En esa primera fase es habitual elaborar dibujos con poco detalle, a lápiz y a mano alzada, sin anotar las medidas.

Finalmente, una vez que ya hemos decidido cuál será el diseño definitivo, plasmamos sobre un plano un dibujo preciso, con tinta, empleando los útiles necesarios: un ordenador…

Imaginemos que queremos representar una pala de pimpón como la de la fotografía del margen. Podemos definir varios tipos de dibujo: el boceto, el croquis y el dibujo delineado.

- El **boceto** (izquierda) es la primera aproximación al objeto estudiado mediante el dibujo a mano alzada de sus líneas más importantes. Constituye la información imprescindible para «reconocer» ese objeto. No es necesario, por ejemplo, que las líneas curvas estén bien definidas.

- El **croquis** (izquierda) es el siguiente paso, también realizado a mano alzada, pero definiendo con mayor detalle los volúmenes y la proporción del objeto. Supone mayor cercanía a la realidad, más precisión. Al final podemos acotar el dibujo.

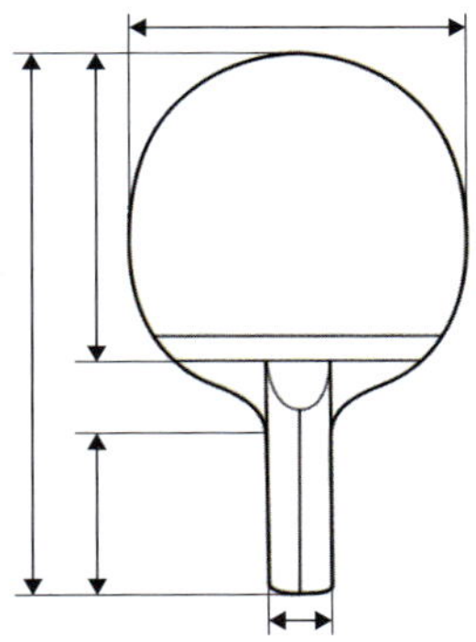

- El **dibujo delineado** (derecha) constituye la culminación del dibujo técnico. En el dibujo se incluyen todos los detalles necesarios para comprender todas las características del objeto: acotación usando las normas internacionales, acabado empleando los instrumentos de dibujo adecuados, etc.

ACTIVIDADES

13 Intenta representar los objetos de las fotografías en diferentes pasos. Primero elabora un simple boceto que recoja únicamente las proporciones del objeto. A continuación realiza a lápiz un dibujo con algo más de detalle, empleando la regla, el compás, etc. Por último utiliza algún estilógrafo para plasmar en tinta un dibujo definitivo y acota las medidas teniendo en cuenta la escala con la que se ha representado cada imagen.

a)

Escala 1:2

b)

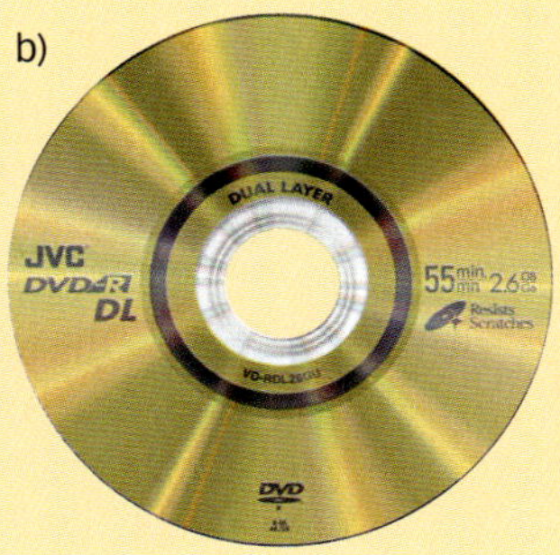

Escala 1:3

c)

Escala 1:3

REPASA LO ESENCIAL

14 Dibuja los siguientes ángulos empleando la escuadra y el cartabón.

a) 210° b) 225° c) 270°

15 Piensa cómo sumarías los ángulos de la escuadra y el cartabón para obtener 360° y, después, dibuja este ángulo.

16 Utiliza el compás, la escuadra y el cartabón para elaborar los siguientes dibujos.

a)

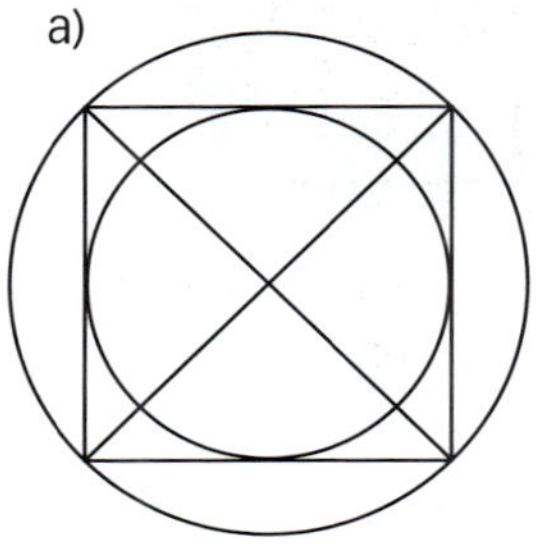

b)

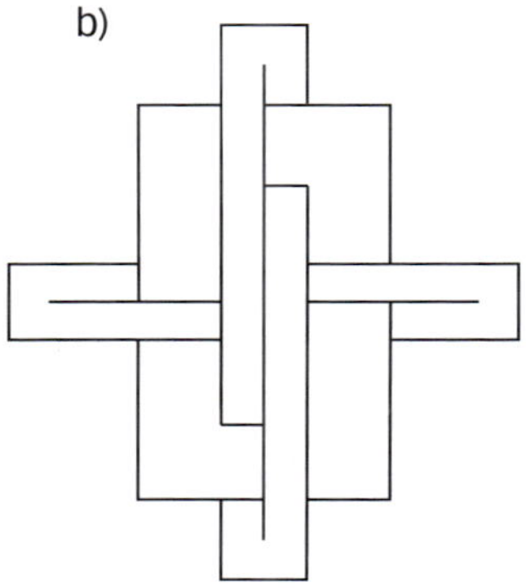

17 Identifica cada vista en la siguiente imagen.

18 Dibuja a mano alzada las vistas de la siguiente figura y sitúalas como corresponde.

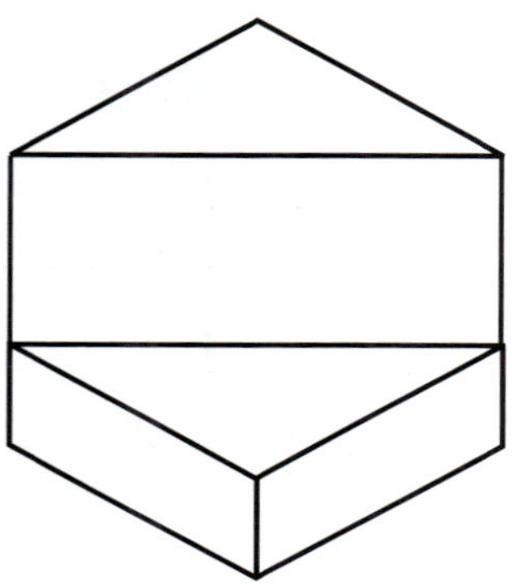

19 Identifica un objeto cuyo alzado sea:

a) Un círculo. b) Un cuadrado. c) Un triángulo.

20 Represente el alzado, la planta y el perfil de la construcción de la fotografía.

21 Representa el objeto de la fotografía.

a) En perspectiva caballera.

b) En perspectiva isométrica.

22 Mide las dimensiones de cada parte del siguiente objeto, reproducido aquí a escala 1:2. Luego cópialo en tu cuaderno a escala 1:1 y acótalo usando las medidas reales.

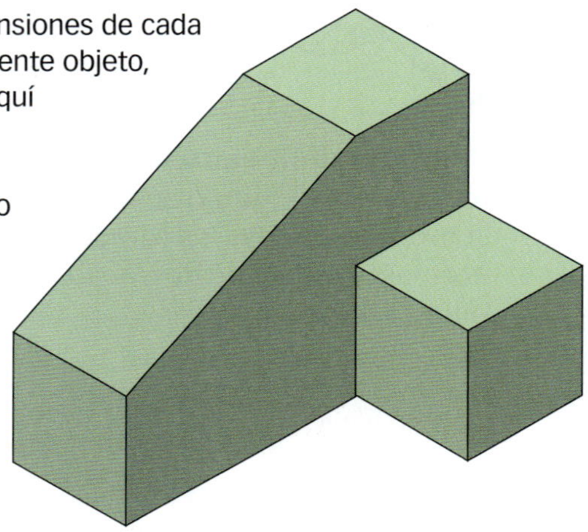

23 Utiliza el lápiz, la regla, el compás, la escuadra y el cartabón, y dibuja en tu cuaderno el boceto y el croquis de los siguientes objetos.

a) Tu estuche.
b) Una grapadora.
c) Una calculadora.
d) El ratón del ordenador.
e) Un teléfono móvil.
f) Una botella de agua.

Recuerda las reglas importantes del dibujo, como la proporción y la expresividad. Pon a prueba tus dibujos enseñándoselos a tus compañeros. ¿Los reconocen?

24 Cita tres ventajas que aporta el ordenador a la hora de elaborar dibujos delineados.

PRACTICA

25 Observa cómo queda un mismo dado al lanzarlo varias veces y fíjate en la disposición de las caras.

a) Si representas el dado con el 6 para el alzado, ¿qué caras pueden quedar representadas en la planta? ¿Y en el perfil?

b) Si representas el dado con el 1 para el alzado, ¿qué caras pueden quedar representadas en la planta? ¿Y en el perfil?

26 Dibuja las vistas ortogonales de las siguientes piezas.

A

B

C

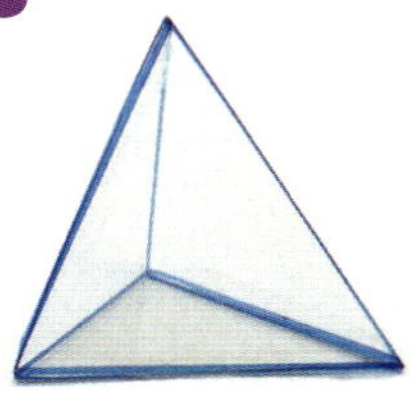

a) ¿Coincide en algún caso la forma del alzado con la planta o el perfil?

b) ¿Coincide en algún caso la forma de la planta con el perfil?

27 Dibuja las vistas ortogonales de este objeto.

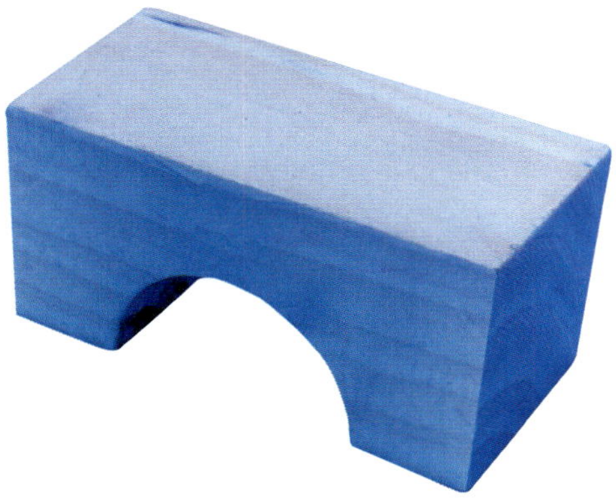

a) Representa el objeto en perspectiva caballera.

b) Representa el objeto en perspectiva isométrica.

c) ¿Cómo sería el corte a través de los planos verticales que dividen en dos al objeto?

28 Observa la imagen y marca en tu cuaderno sobre las vistas los elementos señalados: A, B, C. Para ello elige un color para cada uno de los elementos y sombrea sus proyecciones con su color.

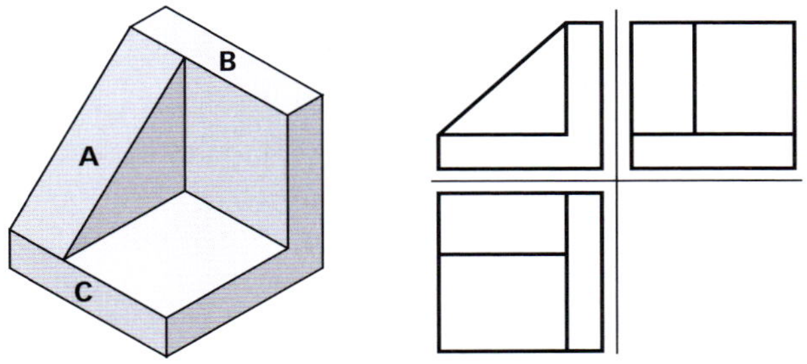

29 Copia las vistas del objeto de la actividad anterior en tu cuaderno. Acótalas teniendo en cuenta las siguientes medidas.

- A: 5 cm × 2 cm.
- B: 5 cm × 1 cm.
- C: 5 cm × 1 cm.

La base del objeto mide 5 cm de ancho por 4 cm de largo. Su altura es de 5 cm.

AMPLÍA

30 Dibuja las vistas ortogonales de las siguientes piezas.

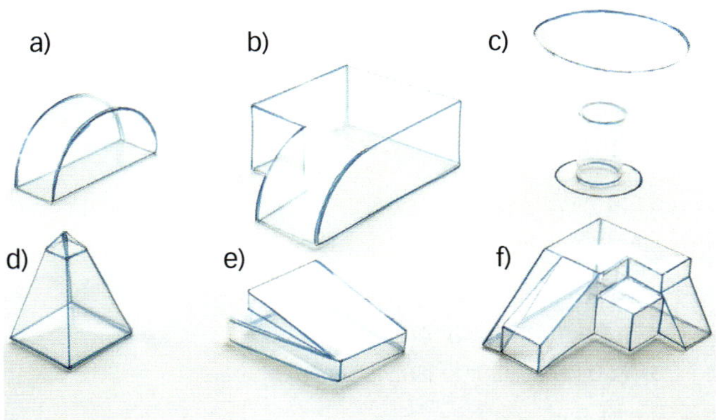

31 A partir de las siguientes vistas de un objeto en el sistema diédrico reconstruye el objeto y dibújalo en perspectiva isométrica y caballera.

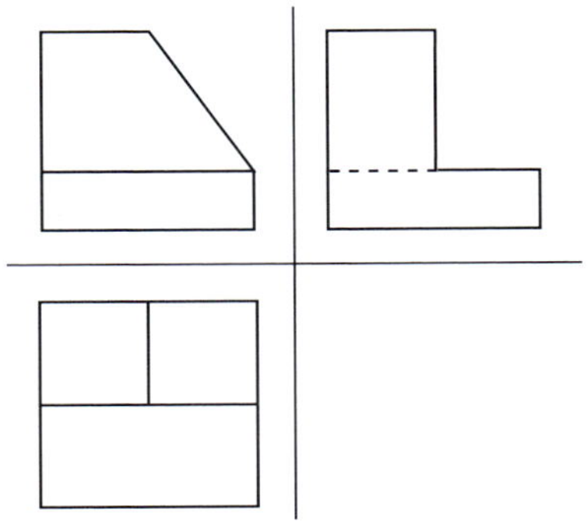

APLICA UNA TÉCNICA. Interpretar instrucciones de montaje

Los dibujos técnicos deben ser interpretados por cualquier persona, no solo por el autor del dibujo.

Por ejemplo, a la hora de ilustrar cómo montar un objeto a partir de varias piezas o cómo construir una manualidad.

Fíjate bien en las instrucciones que acompañan a este dibujo. Presta atención a las indicaciones incluidas y contesta.

Pieza	Unidades
1. Base de madera	1
2. Maderas soporte	2
3. Sujeción parte trasera	1
4. Tubo central	1
5. Palometa pincho	1
6. Pinchos pequeños	2
7. Varilla para tubo	1
8. Palomillas laterales	2
9. Tornillo para la parte trasera	1
10. Tornillos sujetasoportes (soportes n.º 2)	4

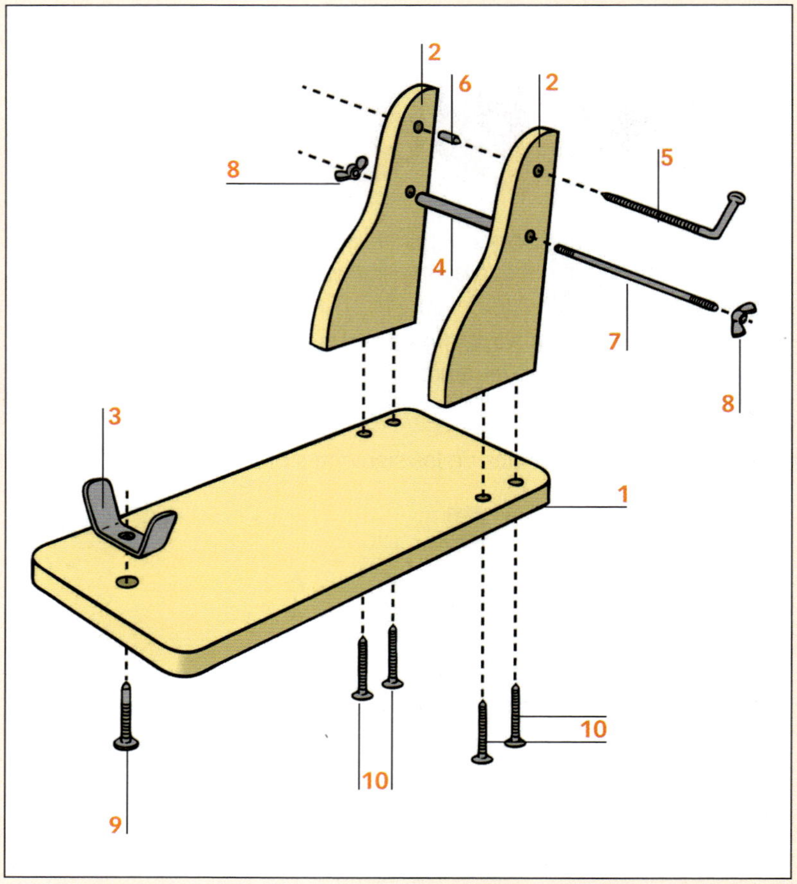

32 Contesta:

a) ¿Qué tipo de perspectiva se ha empleado para representar el objeto?

b) ¿Se han incluido las vistas ortogonales?

33 Reproduce el dibujo en tu cuaderno empleando la regla, el compás o la escuadra y el cartabón cuando sea necesario.

34 Utiliza los instrumentos de dibujo necesarios para dibujar las vistas ortogonales del objeto.

a) Alzado.

b) Planta.

c) Perfil.

35 Completa en tu cuaderno un dibujo en perspectiva caballera de un soporte parecido al de arriba. Elabora el dibujo a escala 1:2. (Longitud de la base: 40 cm.)

36 Acota tu dibujo usando las normas aprendidas en esta unidad: tipo de línea, flecha, situación de las cotas… ¿Qué indican los números?

37 ¿Qué zonas sirven como soporte?

38 ¿Qué utilidad tienen las palomillas?

39 EXPRESIÓN ESCRITA. Elabora un pequeño texto que, incluido en la imagen de arriba, sirva para facilitar el montaje del soporte.

40 Propón un diseño alternativo para un soporte de este tipo o de cualquier otro.

a) Representa en una hoja de tamaño A4 las tres vistas ortogonales del objeto.

b) Representa el objeto en perspectiva caballera.

c) Incluye un dibujo como el que aparece en esta página aclarando las instrucciones de montaje.

d) Acota el dibujo con las medidas reales del objeto. (Recuerda expresar todas las medidas en milímetros).

e) Recoge en una lista todas las piezas necesarias para completar el montaje.

FORMAS DE PENSAR. Pensamiento creativo. **¿Diseños convencionales o alternativos?**

Muebles que retan a la técnica

Mesa mala, un diseño de Judson Beaumont.

Algunos parecen estar rotos, quemados o astillados, otros tienen patas de medusa, brazos e incluso una actitud que expresan con posturas que parecen humanas o animales. Son los muebles de **Judson Beaumont** (Saskatchewan, Canadá, 1960).

«Mi regla número uno es: Si puedes dibujarlo y diseñarlo, puedes construirlo. Me encanta cuando alguien me dice "eso no se puede construir" o "nadie querría eso". Esas frases solo me animan más», dice Beaumont.

Straight Line Designs (Diseños en línea recta) es un nombre un tanto irónico para el taller que fundó hace 25 años en la ciudad canadiense de Vancouver.

Él mismo diseña y después manufactura, junto con un equipo de solo ocho artesanos, unos muebles únicos, dominados por la fantasía y el reto técnico.

Ha creado muebles para aeropuertos, hospitales, centros de día, áreas infantiles de juego, empresas y particulares. Las piezas se hacen de una en una, con mimo y dedicación. «Nos mantenemos lejos de las producciones en masa. El volumen de trabajo es limitado, pero los diseños de Jud, no», dicen en la declaración de intenciones en su página web.

«La idea original tiene que salir de tu cerebro»

En el taller el mueble se empieza y se acaba. Aunque se utilizan ordenadores para perfeccionar las estructuras en 3D, el proceso inicial siempre es una hoja de papel. Judson se muestra orgulloso de evitar que el proceso se robotice por completo: «En el ordenador puedes hacer muchas cosas, pero la idea original tiene que salir de tu cerebro».

Buscan la diferencia sin arriesgar la estabilidad ni la funcionalidad, intentan que quien vea una de sus piezas «se cuestione la forma de los objetos que nos rodean». Entre las piezas más populares de la firma hay una cajonera colgante en forma de vestido de mujer, piezas como salidas de una tira cómica que parecen estar resquebrajándose y una colección de muebles humanizados que sigue creciendo.

http://www.20minutos.es, 28/12/2011.

41 EXPRESIÓN ESCRITA. Explica con tus propias palabras el título del artículo.

42 COMPRENSIÓN LECTORA. Explica las siguientes frases del autor de estos muebles tan originales.

a) Si puedes dibujarlo y diseñarlo, puedes construirlo.

b) En el ordenador puedes hacer muchas cosas, pero la idea original tiene que salir de tu cerebro.

43 COMPRENSIÓN LECTORA. ¿Por qué crees que la empresa mencionada en el texto se llama *Diseños en línea recta*?

44 ¿Crees que los muebles con este tipo de diseño son más fáciles de construir o más difíciles que los muebles convencionales? ¿Por qué?

45 ¿Te parecen más útiles, menos útiles o igual de útiles los muebles de este tipo que los muebles «normales»?

46 Piensa cómo podrías transformar el estilo de uno de los muebles de tu vivienda y realiza en tu cuaderno un dibujo con el diseño alternativo.

47 TOMA LA INICIATIVA. Observa uno de los diseños de muebles poco convencionales.

Ahora, decide: ¿usarías los diseños de este tipo en tu vivienda? ¿Por qué?

PROYECTO | Trabajo cooperativo

Construye una caja de regalo

Seguro que en algún momento has tenido que envolver algún regalo. Dependiendo de tu habilidad la cosa habrá ido mejor o peor. Con este proyecto te proponemos construir tu propia caja de regalo (más eficaz y aparente) utilizando los conocimientos adquiridos en esta unidad. Puedes utilizarla para regalar algo a alguien querido.

¿Dónde encontrar los materiales?

Material escolar básico.

¿Qué necesitas?

Materiales

- Cartulinas de distintos colores.

Herramientas

- Reglas, escuadra y cartabón.
- Barra de pegamento.
- Transportador.
- Lápiz.
- Tijeras.
- Cúter.

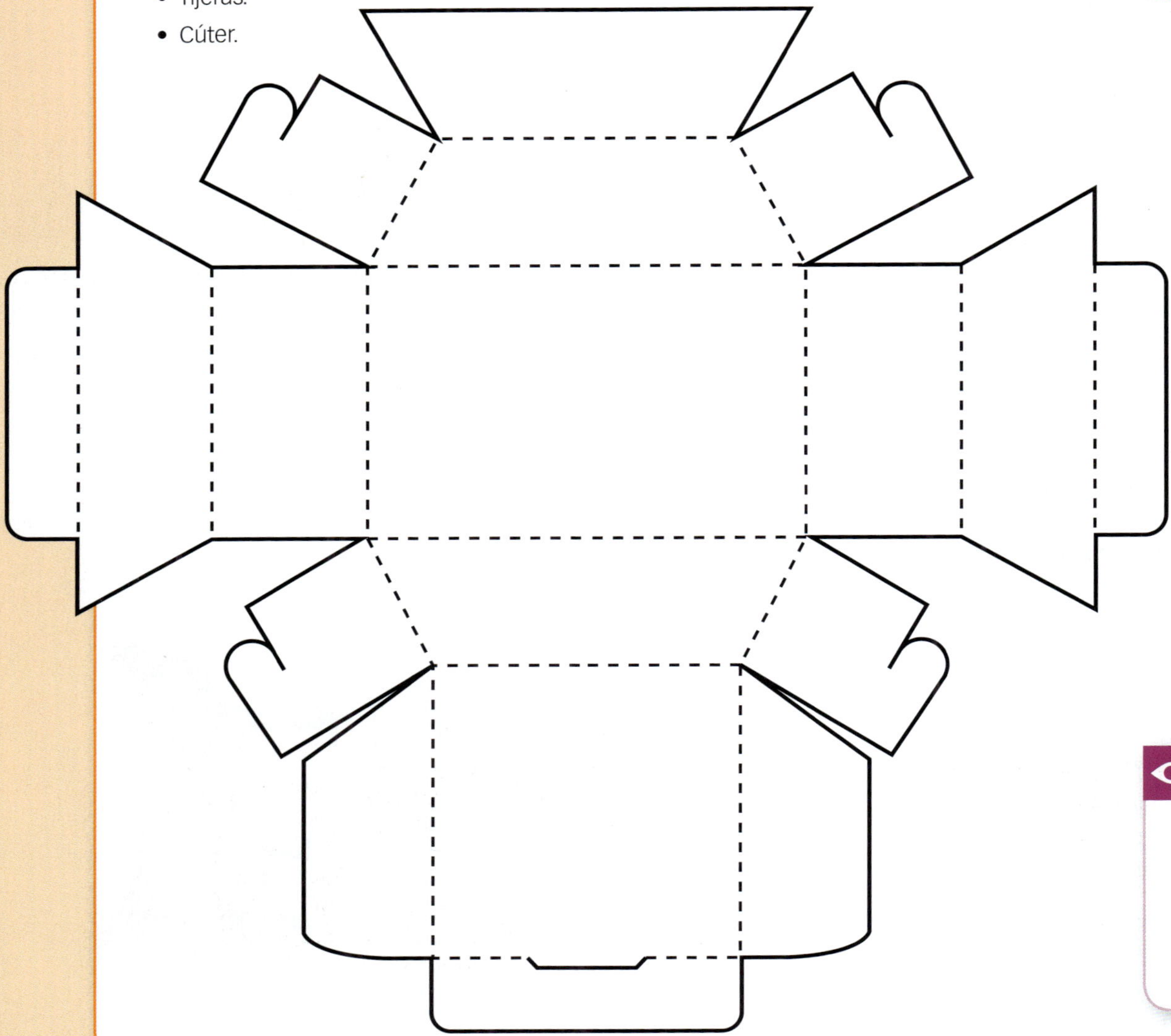

Los planos

1. Aquí tienes el plano de tu caja de regalo. Si lo realizas con las dimensiones indicadas, obtendrás una caja de 12 × 12 cm. Ideal para meter en ella un pequeño obsequio, como un colgante, por ejemplo.
2. Las líneas punteadas son pliegues que tendrás que realizar para montar la caja una vez recortada.

PRESTA ATENCIÓN

Sé cuidadoso a la hora de medir la longitud de cada línea del dibujo.

La imprecisión dificultará el montaje de la caja.

Dibujo de los planos

1. Tienes que copiar el esquema en una cartulina. Para ello has de fijarte bien en las medidas y los ángulos del plano.
2. Acuérdate de la posición de la escuadra y el cartabón para trazar paralelas y perpendiculares.
3. Para trazar los ángulos, ayúdate de un transportador.

Montaje de la caja

1. Una vez dibujado el esquema debes recortarlo con cuidado.
2. Para que a la hora de montar la caja puedas hacerlo cómodamente, con la ayuda de la punta del compás y una regla raya superficialmente, y con cuidado de no traspasar la cartulina, las líneas punteadas de plegado.
3. Procede al montaje de la caja. Utiliza la barra de pegamento solo si es preciso.

Acabado

Solo falta tu toque personal… Y, claro, una buena dedicatoria.

EL PROCESO TECNOLÓGICO	
Identificación del problema	Diseño y construcción de una caja de regalo.
Exploración de ideas	Investigar diferentes posibilidades de diseño, materiales o escala.
Diseño y construcción	Fases explicadas en la unidad.
Comprobación	Fases explicadas en la unidad.

PLANIFICACIÓN

Actividad	Tiempo (sesiones)* 0		1		2	3
Dibujar planos	■	■	■			
Recortar y preparar pliegues				■		
Montaje					■	■

*Sesiones de 50 minutos trabajando individualmente.

ACTIVIDADES

48 Con los útiles de dibujo es relativamente fácil traspasar una figura como la del proyecto a otro papel. Pero imagina que tienes que dibujar las líneas de una cancha de baloncesto en un aparcamiento para un evento deportivo.

a) ¿Cómo trazarías las líneas perpendiculares?

b) ¿Y las curvas con sus respectivos radios?

c) Investiga qué tiene de particular un triángulo rectángulo cuyos catetos miden 3 y 4 unidades (cm, m, km…).

49 USA LAS TIC. Practica primero con algún plano más sencillo, por ejemplo el de una caja cúbica simple, e intenta realizar el trabajo propuesto empleando alguna aplicación de dibujo.

3 Dibujo con ordenador

SABER

- La imagen digital.
- El diseño con ordenador: CAD.
- Diseño gráfico con ordenador.

SABER HACER

- Realizar diseños de objetos sencillos empleando un ordenador.
- Aplicar los contenidos aprendidos sobre dibujo a la hora de usar aplicaciones de diseño gráfico.

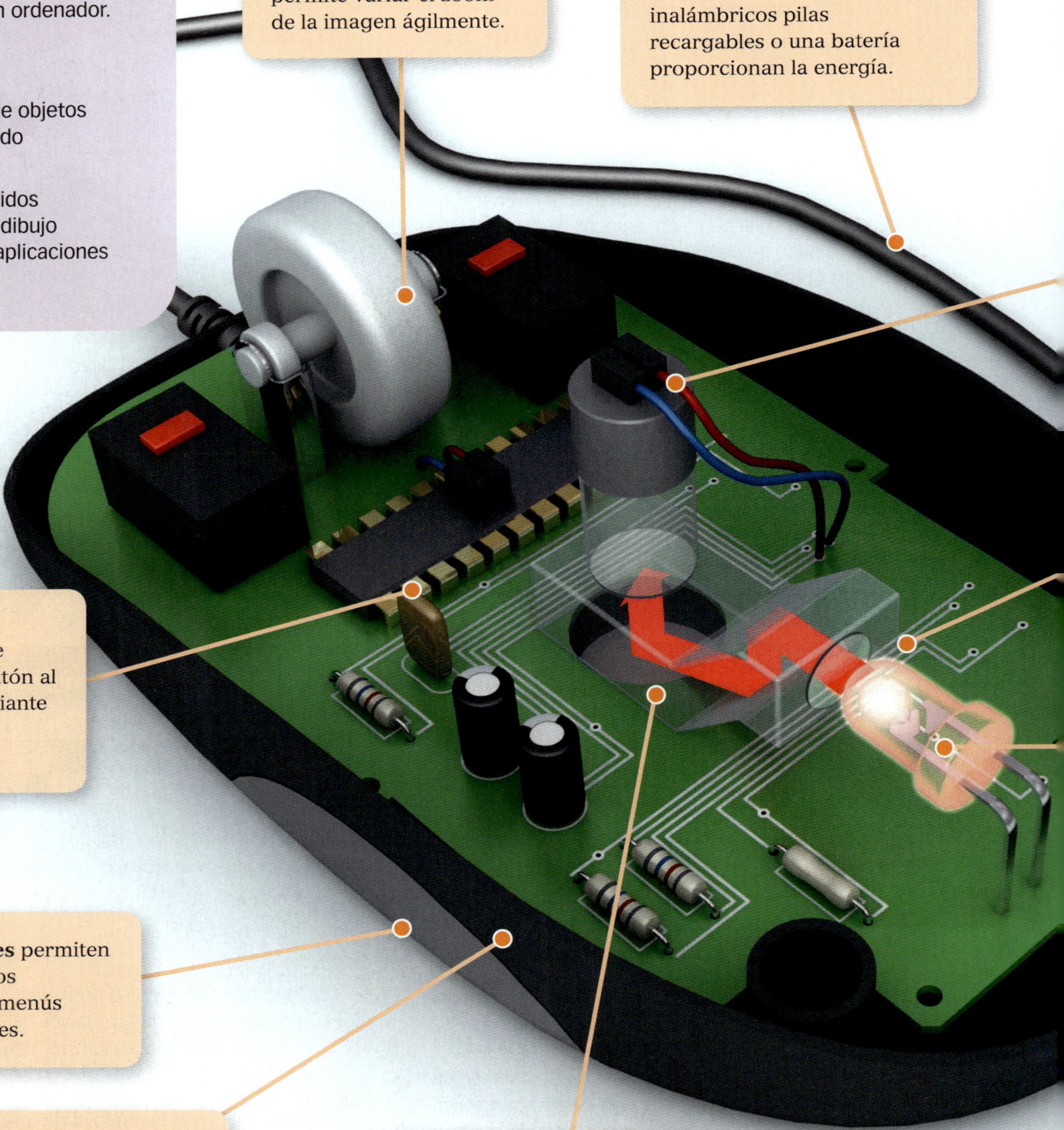

La **rueda** central permite variar el zoom de la imagen ágilmente.

En los **ratones con cable**, este suministra la energía necesaria a través de un puerto USB. En los ratones inalámbricos pilas recargables o una batería proporcionan la energía.

Un **microchip** envía la información sobre el movimiento del ratón al ordenador, bien mediante un **cable** o a través de **ondas de radio**.

Uno o varios **botones** permiten seleccionar elementos en la pantalla, abrir menús con distintas opciones.

Para funcionar adecuadamente el ratón debe apoyarse en alguna **superficie** con un color liso. Una mesa de cristal, por ejemplo, no es una buena opción.

Una **lente** concentra la luz reflejada procedente de la superficie.

NOS HACEMOS PREGUNTAS. ¿Cómo funciona el ratón?

Algo tan simple como el **ratón** constituyó un gran avance a la hora de usar de forma fácil y cómoda un ordenador. La necesidad surgió cuando la pantalla de los ordenadores dejó de mostrar únicamente líneas de texto y comenzó a incorporar iconos o ventanas. En ese momento el teclado resultó poco eficiente para desplazar un cursor sobre la pantalla.

Hoy usamos nuestro dedo como ratón en las pantallas táctiles de teléfonos, tabletas y ordenadores, y los mandos a distancia de muchos televisores modernos disponen ya de una zona donde poder presionar con los dedos para elegir las diferentes opciones que se muestran en la pantalla.

Un **detector de luz** en el ratón compara con precisión y continuamente las imágenes de la luz reflejada. Así detecta el movimiento del ratón y mueve el cursor sobre la pantalla con precisión siguiendo el movimiento del ratón.

Un **prisma** redirige la luz emitida por el LED.

Una pequeña lámpara llamada **diodo LED** emite sin cesar luz de color rojo normalmente que luego se refleja en la superficie en la que se apoya el ratón.

¿CÓMO SE DETECTA EL MOVIMIENTO?

En un ratón se compara continuamente la luz que llega al detector. Es como si tomara cientos de fotografías cada segundo de la superficie sobre la que se mueve. Cuando el ratón está quieto no existen diferencias entre una imagen y la siguiente, incluso teniendo en cuenta que la superficie no es perfectamente lisa. Pero al mover el ratón la cosa cambia.

Mucha diferencia entre las imágenes. Esto implica un movimiento rápido del ratón. Comparando las imágenes también se detecta el sentido del movimiento.

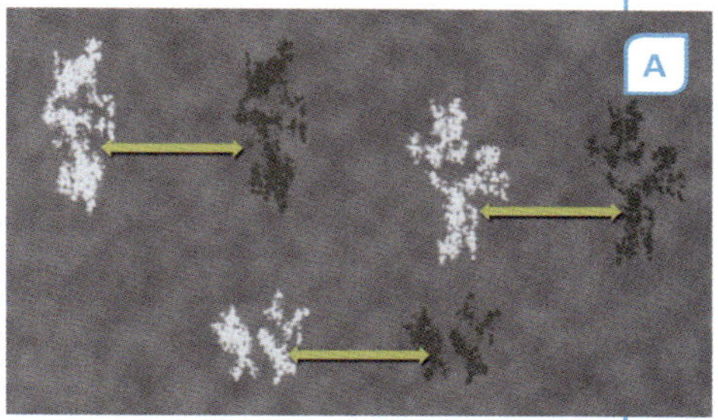

Poca diferencia entre las imágenes. Implica un movimiento más lento del ratón. El cursor se moverá, por tanto, más despacio sobre la pantalla.

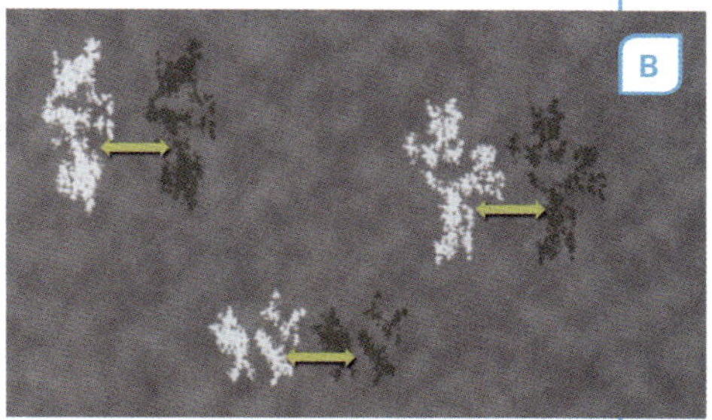

? INTERPRETA LA IMAGEN

- ¿Hacia dónde se ha movido el ratón para tomar la imagen A? ¿Y para tomar la imagen B?
- Dibuja ahora en tu cuaderno dos imágenes sucesivas que muestren un movimiento rápido del ratón hacia arriba y a la izquierda.

CLAVES PARA EMPEZAR

- ¿Cómo se conecta el ratón al ordenador? ¿Tienen ratón todos los ordenadores?
- ¿Qué ventajas aporta el ordenador a la hora de dibujar?

1 La imagen digital

RECUERDA

Un **píxel** es cada uno de los puntos básicos de un dibujo por mapa de puntos, también llamado mapa de bits.

Podemos clasificar los archivos empleados para almacenar imágenes digitales en mapas de puntos e imágenes vectoriales.

Una imagen digital de tipo **mapa de puntos** está formada por un conjunto de píxeles coloreados individualmente.

Las fotografías digitales tomadas por una cámara o un teléfono móvil son mapas de puntos. Ocupan mucha memoria (más cuanto mayor sea la resolución). Las aplicaciones más conocidas para manipular mapas de puntos son Gimp (gratuita) y Adobe Photoshop.

Los mapas de puntos incluyen puntos de millones de colores diferentes.

Los mapas de puntos ocupan más memoria cuanto mayor sea la resolución.

Una imagen **vectorial** está formada por una función matemática que determina la forma.

Los gráficos generados en muchas aplicaciones de dibujo, procesadores de textos o aplicaciones de presentaciones son imágenes vectoriales. Estas imágenes ocupan poca memoria y pueden escalarse sin perder calidad. Pero no ofrecen tanto detalle como los mapas de puntos.

Los dibujos vectoriales se emplean para diseñar logotipos, iconos y dibujos sencillos. Alguna de las aplicaciones que se utilizan para manipular imágenes vectoriales son Inskcape (gratuita), Adobe Ilustrator y Autocad (diseño asistido por ordenador, CAD).

Las imágenes vectoriales están formadas por un solo color o unos pocos colores.

Las imágenes vectoriales ocupan poca memoria y pueden escalarse sin perder calidad.

ACTIVIDADES

1 De las siguientes imágenes, di cuáles son imágenes vectoriales y cuáles son mapas de puntos.

A 

B 

C 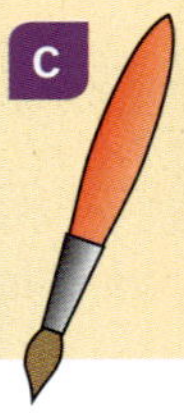

D 

E 

F 

2 El diseño con ordenador: CAD

En el mundo del diseño, como en tantas otras facetas de la vida, el ordenador ha entrado con fuerza. Ahora no hay diseñador que no utilice continuamente los ordenadores para elaborar sus diseños. Aunque el dibujo a mano alzada sigue siendo importante en los pasos iniciales, el diseño basado en aplicaciones 3D nos permite:

- Visualizar la estructura real del objeto.
- Obtener las vistas del objeto diseñado (perfil, alzado, planta).
- Añadir una o varias fuentes de iluminación. Esto realza la estructura.
- Añadir texturas. Esto proporciona realismo a las imágenes.

Además, nos permite obtener múltiples copias impresas de los dibujos delineados o compartirlos con otras personas, estén donde estén.

SABER MÁS

Existe una gran cantidad de software que permite diseñar en 3D todo cuanto se nos ocurra:

- **Blender** (gratuita) es una aplicación de multiplataforma. Se ha usado incluso para generar escenas en películas.
- **AutoCad** es una de las aplicaciones de diseño más utilizadas, principalmente en arquitectura.

Piezas mecánicas. Podemos previsualizar la unión entre dos o más piezas, conocer cuál es el área que deberemos recubrir con una pintura protectora, etc.

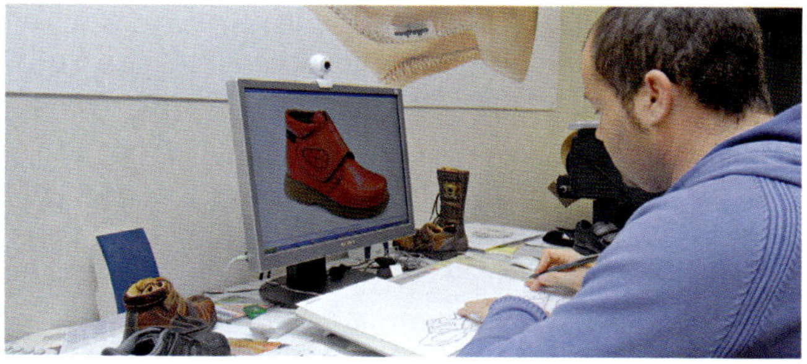

Prendas de vestir o calzado. El diseño de patrones permite conocer con exactitud la cantidad de tela, la posición de las costuras, etc.

Planos de edificios u otras construcciones. Es algo indispensable para conocer la distribución de esfuerzos en los pilares o las vigas que soportarán el edificio.

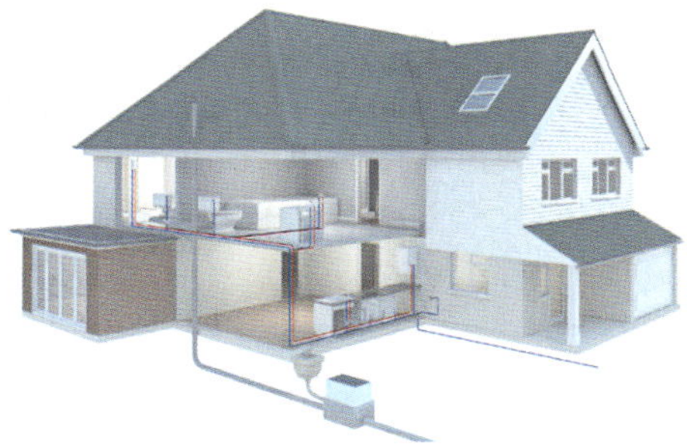

Recorridos de las tuberías de agua, gas, o los conductos eléctricos de un edificio. Esto permite conocer los costes de la instalación con antelación.

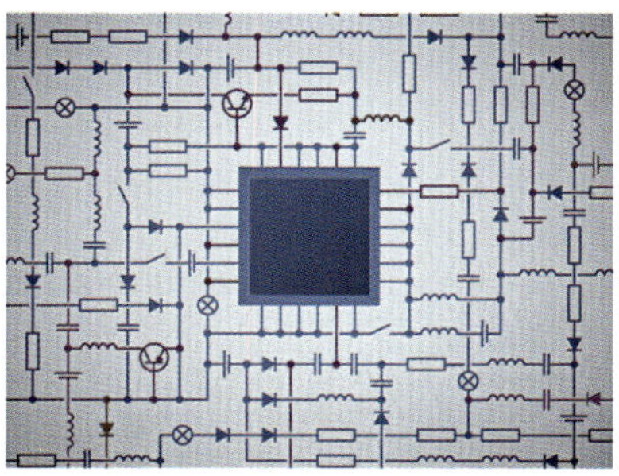

Circuitos eléctricos o electrónicos. Se puede comprobar el funcionamiento del circuito antes de montarlo.

Escenas de películas o imágenes realistas. Permite emplear fotografías reales de materiales para crear texturas.

3 Diseño gráfico con ordenador

Ya hemos estudiado algunas de las ventajas y aplicaciones que el uso del ordenador aporta a la hora de diseñar las piezas que conformarán un proyecto. Una de las aplicaciones disponibles de manera gratuita es SketchUp. Con SketchUp podrás:

- Diseñar piezas en 2D y 3D acotando sus dimensiones.
- Observar los elementos generados desde diferentes puntos de vista.
- Utilizar elementos prediseñados accesibles a través de Internet para incorporarlos a tus diseños.

SABER HACER

Descargar SketchUp e instalarlo en un equipo

SketchUp es una aplicación de diseño gráfico en 3D con diferentes versiones, algunas gratuitas y otras de pago. Existen versiones para Windows y Mac OS.

1. Visita la página web de SketchUp:

   http://www.sketchup.com

2. Haz clic en la opción Download.

3. Elige la versión más adecuada, escribe una dirección de correo electrónico válido y rellena los demás campos.

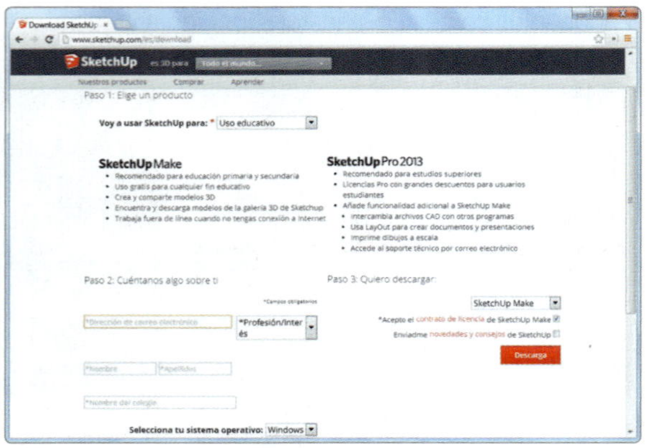

4. Al pulsar en el botón Download la aplicación comenzará a descargarse. Elige una carpeta donde se guardará el archivo instalador.
5. Una vez finalizada la descarga, haz doble clic en el archivo descargado para comenzar la instalación.
6. Responde a las peticiones que van apareciendo en las sucesivas ventanas para completar la instalación. Un mensaje nos avisa cuando el proceso finaliza.

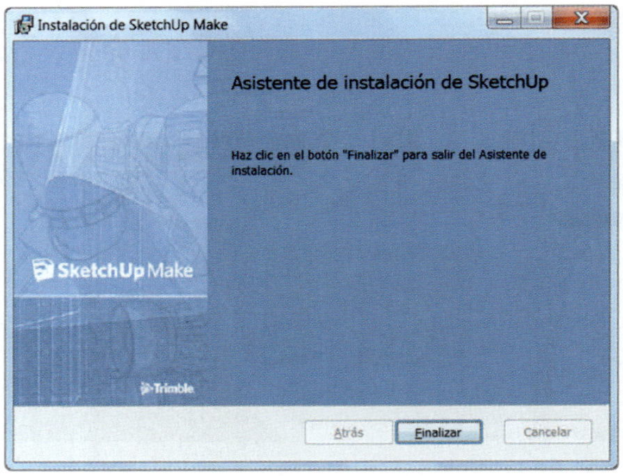

7. Aparecerá un icono en el escritorio. Haz doble clic para comenzar a usar la aplicación.

ACTIVIDADES

2 Elabora una lista con las ventajas que tiene, en tu opinión, el diseño gráfico con ordenador frente al diseño a mano alzada sobre el papel.

3 Descarga e instala SketchUp en tu ordenador.

La pantalla de SketchUp

La primera vez que se ejecuta SketchUp aparece una pantalla mostrando consejos básicos de utilización.

En el apartado Aprender aparecen consejos básicos de uso de SketchUp. Desde ahí puedes acceder a tutoriales que ayudan mucho a aprender los conceptos básicos.

En el apartado Plantilla se puede seleccionar las unidades con las que trabajar y el entorno al que irá destinado el diseño.

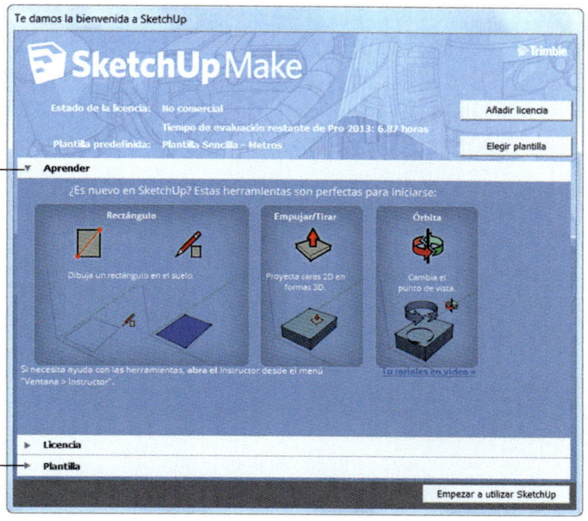

Al pulsar en el botón Empezar a utilizar SketchUp se muestra una ventana parecida a la de abajo. Existen otras barras de herramientas que puedes visualizar en el apartado Ver ▸ Barras de herramientas…

Desde el menú Archivo puedes abrir o guardar tus diseños, exportarlos como jpg u otros formatos gráficos, imprimirlos, etc.

Área de trabajo.

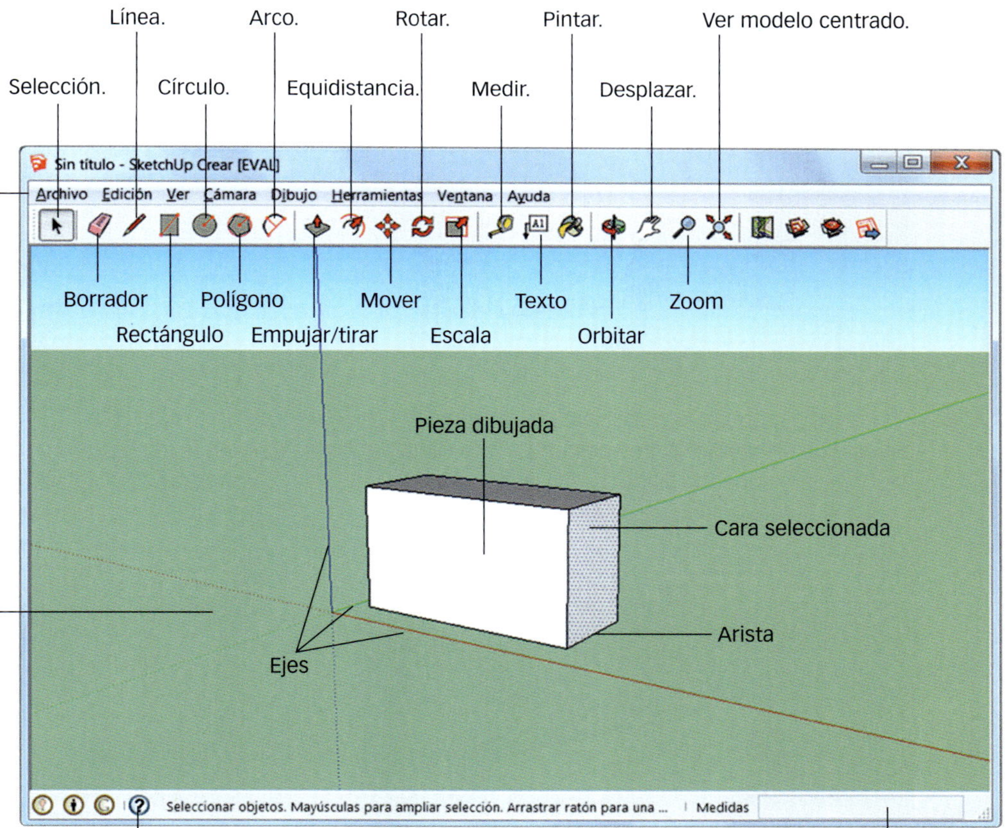

Acceso al Instructor, que te ayudará a la hora de manejar esta aplicación.

En el apartado Medidas puedes anotar directamente las medidas precisas de tus diseños.

SABER HACER

Diseñar una escalera con SketchUp

SketchUp permite desarrollar piezas sencillas en poco tiempo.

1. Abre un nuevo documento en SketchUp, elige el icono Rectángulo y traza un rectángulo.

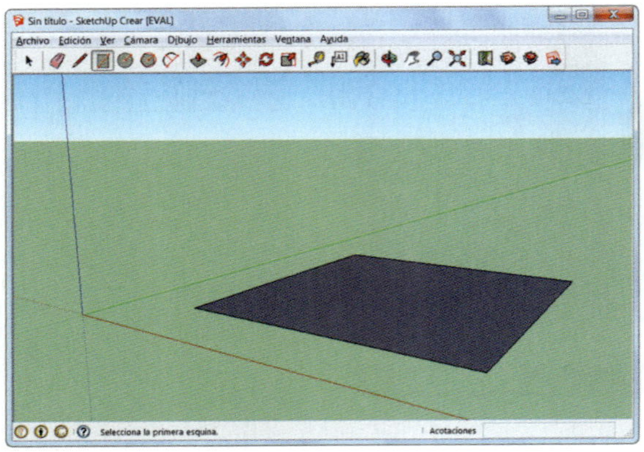

2. Selecciona el icono Empujar/tirar. Haz clic sobre el rectángulo dibujado y arrastra hacia arriba. El rectángulo se convertirá en una pieza en 3D.

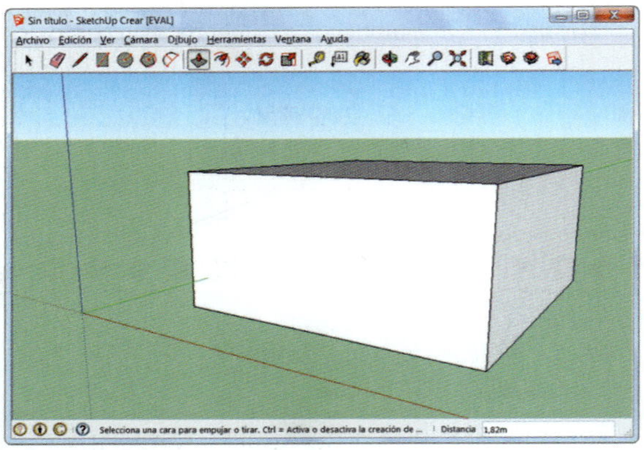

3. Ahora vas a modelar la pieza hasta convertirla en una especie de escalera con tres peldaños. Para visualizar mejor la cara superior, pulsa en el icono Orbitar y sitúa el punto de vista algo más arriba.

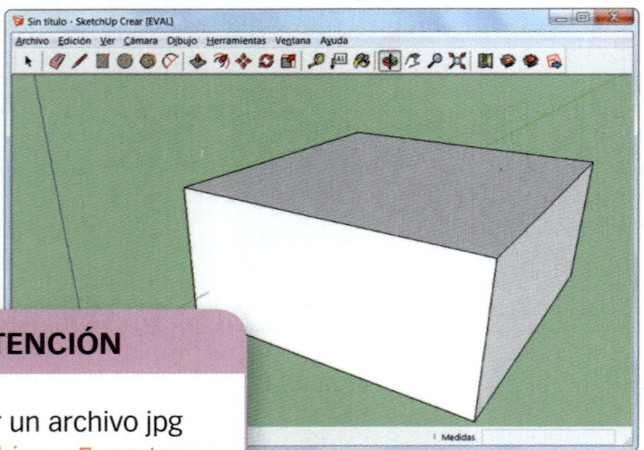

TRUCO

Puedes cambiar el punto de vista directamente pulsando la rueda del ratón.

4. Elige el icono Línea. Haz clic sobre una de las aristas y arrastra hacia la arista opuesta de la misma cara. Una línea verde te indicará que la línea es paralela a uno de los ejes.

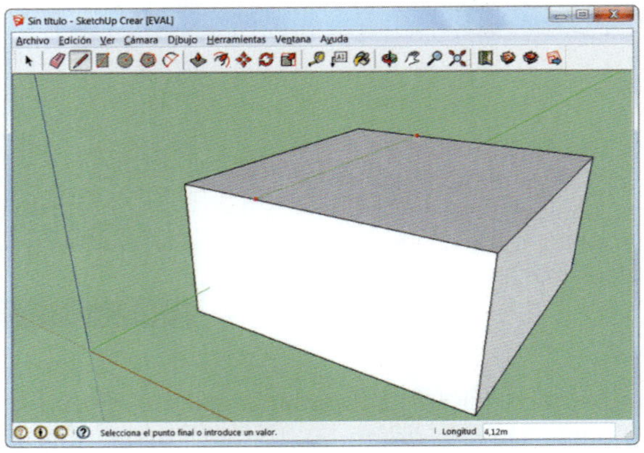

5. Elige el icono Empujar/tirar. Haz clic sobre la parte más grande de la cara superior y empuja hacia abajo.

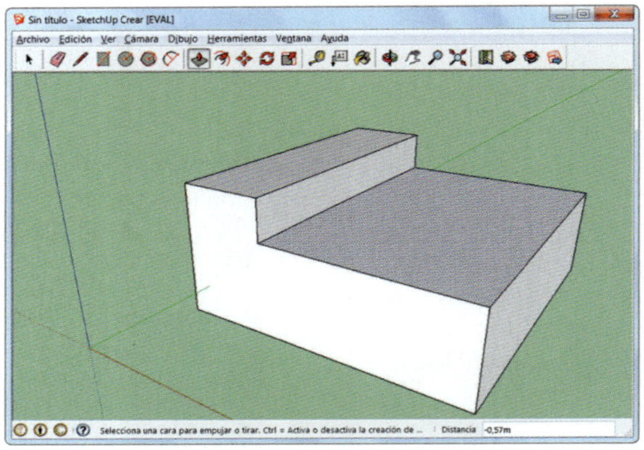

6. Repite los pasos 4 y 5 para completar el último peldaño. Para igualar la anchura de los peldaños pulsa el icono Empujar/tirar y acorta algo la pieza.

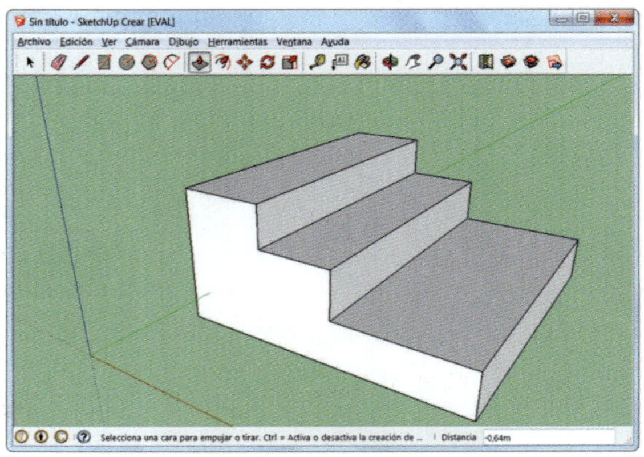

7. Guarda tu trabajo con el menú Archivo ▸ Guardar.

PRESTA ATENCIÓN

Puedes generar un archivo jpg en el menú Archivo ▸ Exportar ▸ Gráfico 2D…

SABER HACER

Obtener las vistas de un objeto con SketchUp

Por defecto, SketchUp trabaja en un modo de perspectiva. Sin embargo, también podemos obtener fácilmente las vistas de un objeto: la planta, el alzado y el perfil.

1. Una vez completado tu modelo en SketchUp, elige el menú Cámara ▸ Proyección paralela.

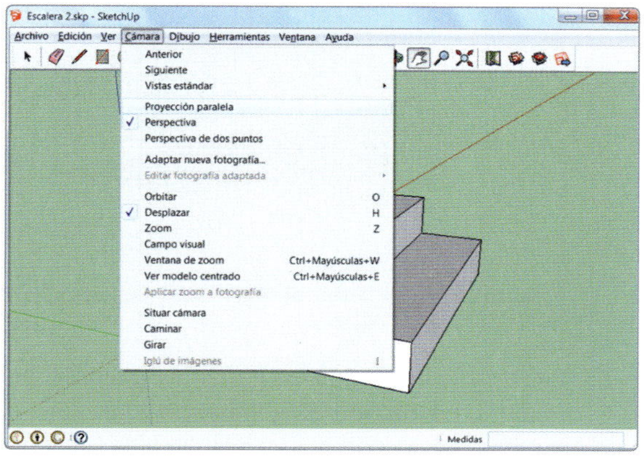

2. El aspecto del dibujo cambia.

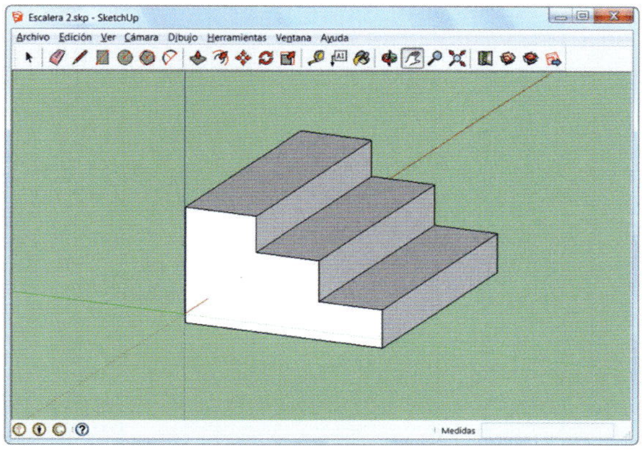

3. Para obtener la planta del objeto selecciona el menú Cámara ▸ Vistas estándar ▸ Planta.

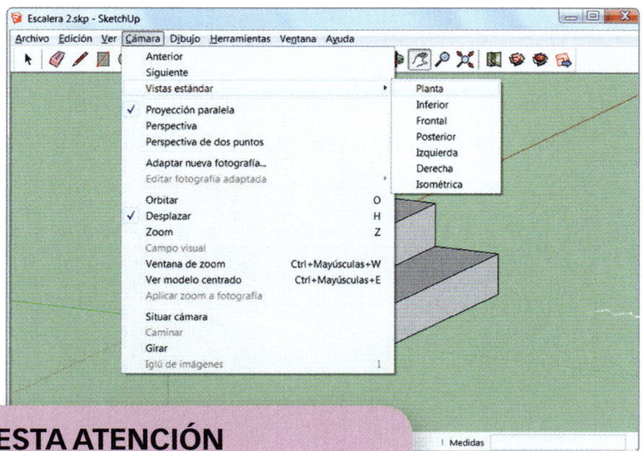

PRESTA ATENCIÓN

Puedes imprimir cada vista eligiendo el menú Archivo ▸ Imprimir…

TRUCO

Puedes acceder rápidamente a las vistas así: elige el menú Ver ▸ Barras de herramientas y marca la opción Vistas.

4. Se mostrará la planta en la pantalla.

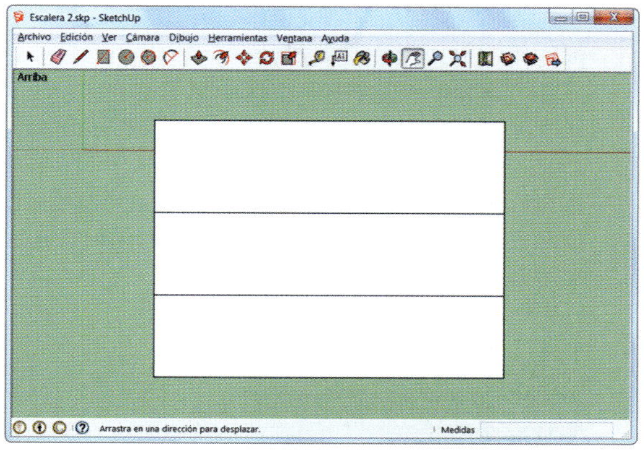

5. Para obtener el alzado del objeto selecciona el menú Cámara ▸ Vistas estándar ▸ Frontal.

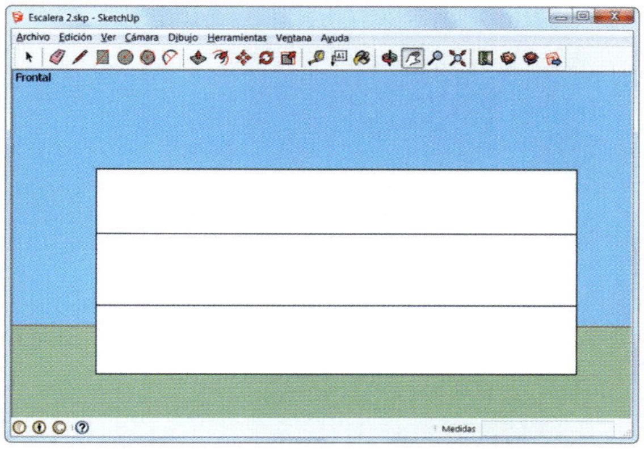

6. Para obtener el perfil del objeto selecciona el menú Cámara ▸ Vistas estándar ▸ Izquierdo.

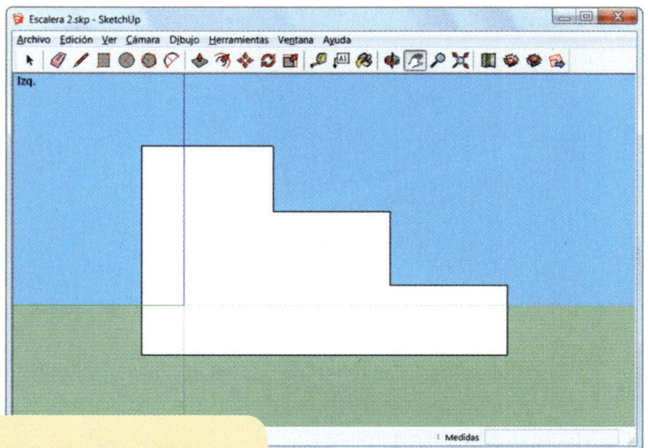

ACTIVIDADES

4 Diseña en SketchUp una escalera con cinco peldaños y una rampa para minusválidos Por último, obtén sus vistas ortogonales.

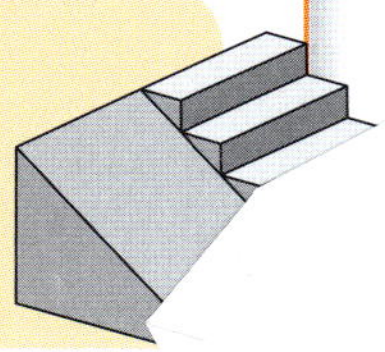

SABER HACER

Diseñar una mesa con SketchUp

SketchUp es una herramienta sencilla de usar, pero al mismo tiempo es versátil e incluye posibilidades muy variadas. En este ejemplo vamos a estudiar algunas de estas opciones para diseñar una mesa.

1. Abre un nuevo documento en SketchUp y dibuja un rectángulo en un plano horizontal. Las medidas pueden ser de 140 cm de largo y 60 cm de ancho.

   Para introducir las medidas exactas elige la herramienta Rectángulo, pulsa la tecla tabulación del teclado e introduce las medidas en metros: largo; ancho. Por ejemplo:

   1,40;0,60

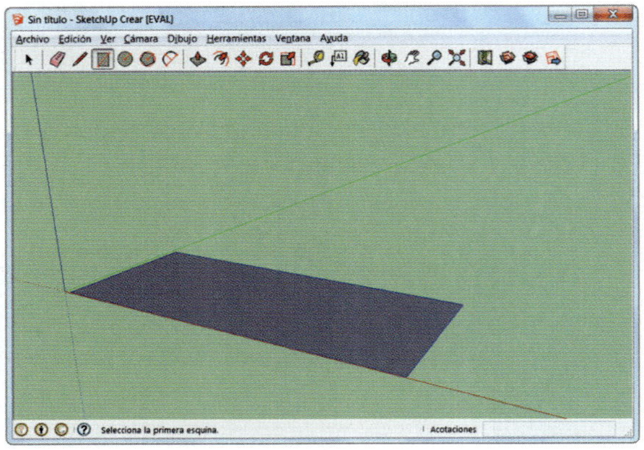

2. Elige a continuación el icono Empujar/tirar para completar la tapa de la mesa. Añade un espesor de unos pocos centímetros a la tapa.

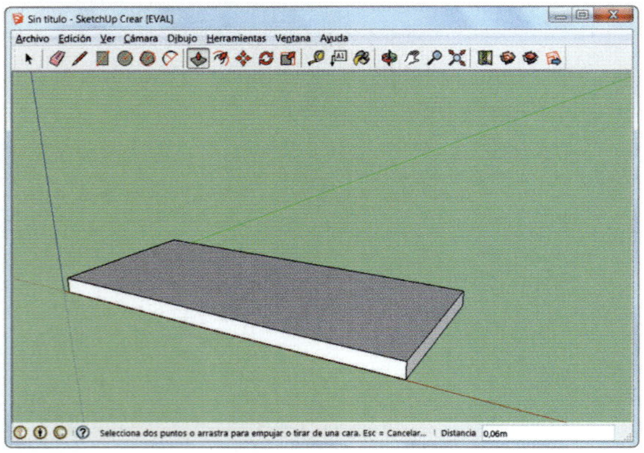

3. SketchUp dispone de una herramienta muy útil, llamada Sígueme, que nos permite dar forma de una manera sencilla a una pieza completa. Por ejemplo, para dar un acabado triangular a la parte inferior de la tapa.
4. Cambia el punto de vista para observar con detalle una esquina inferior de la tapa.
5. Elige el icono Línea y traza una línea inclinada desde el punto medio de la tapa hasta la parte inferior.

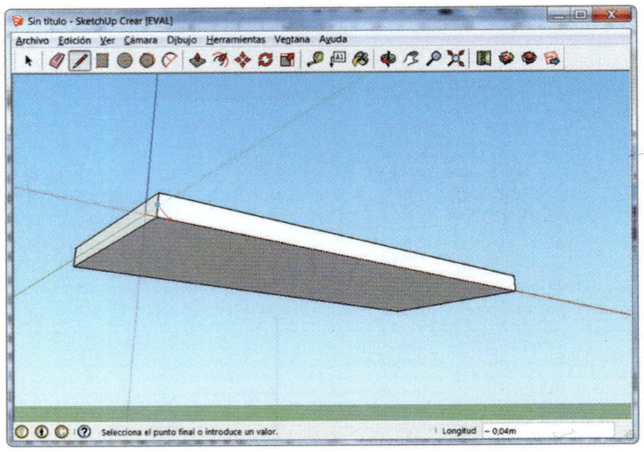

6. Selecciona la superficie inferior de la tapa, elige el menú Herramientas ▸ Sígueme y haz clic sobre la zona acotada por la línea anterior. Verás cómo cambia la forma de la tapa de la mesa.

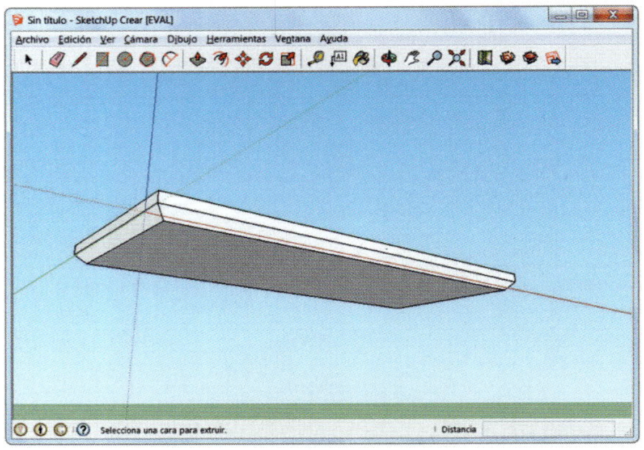

7. Ahora desplaza la tapa hacia arriba. Selecciónala, elige el icono Mover y arrástrala. Luego dibuja una pata. Para ello elige el icono Círculo y traza un círculo de 3 cm de radio.
8. Pulsa sobre el icono Empujar/tirar y arrastra el círculo hacia arriba hasta que la pata mide unos 70 cm de alto.

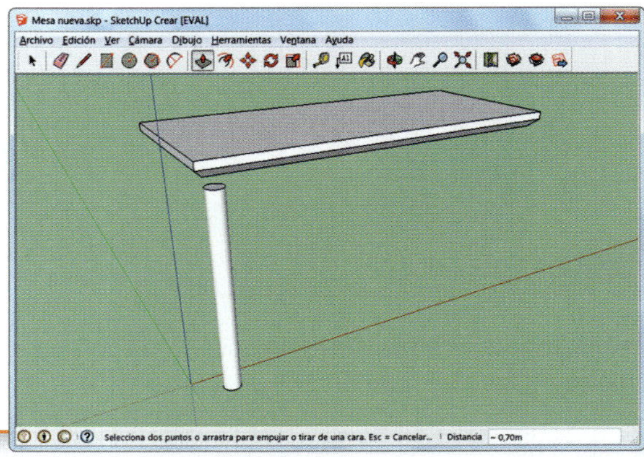

9. Ahora vas a definir la pata como un **componente**. Esto permite duplicar dicho componente de tal forma que, cuando modifiquemos una pata, las demás cambiarán de la misma manera. Selecciona la pata, pulsa con el botón derecho del ratón y elige la opción Crear componente.

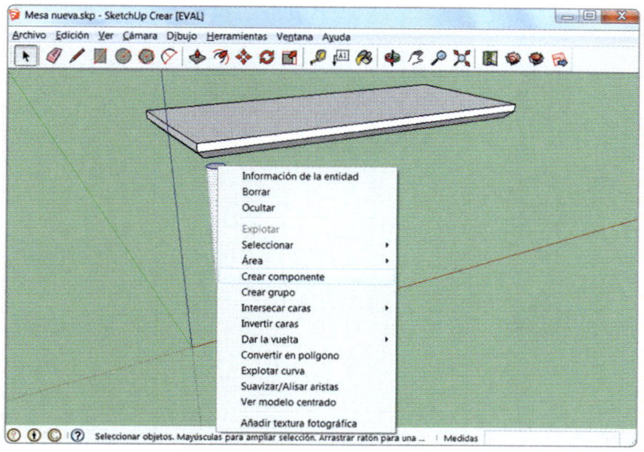

10. En la ventana que aparece escribe un nombre para este componente y haz clic en el botón Crear.

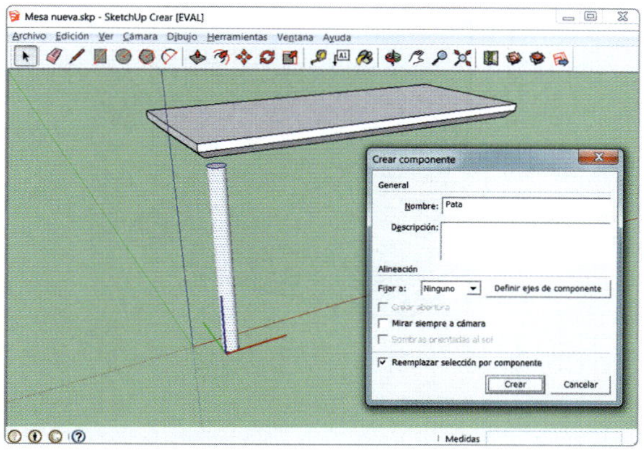

11. Ahora coloca la pata bajo la tapa. Para situarla con precisión crea líneas guía usando el icono Medir.

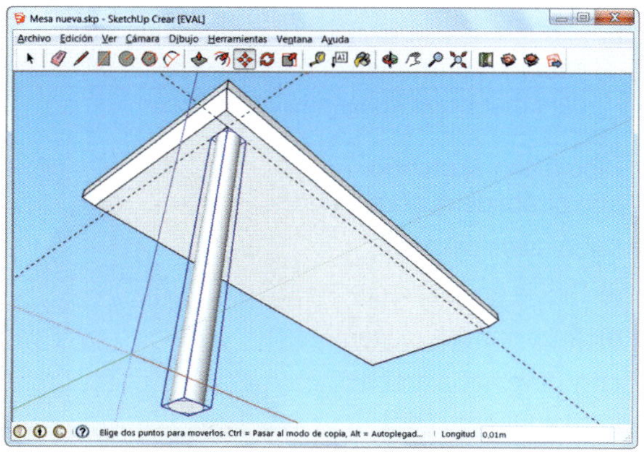

TRUCO

Puedes generar un archivo jpg en el menú Archivo ▸ Exportar ▸ Gráfico 2D...

12. Ahora selecciona la pata que tienes dibujada, cópiala y pégala hasta completar las cuatro patas. Usa el icono Mover con la tecla CRTL pulsada para copiar y arrastrar cada pata en su sitio.

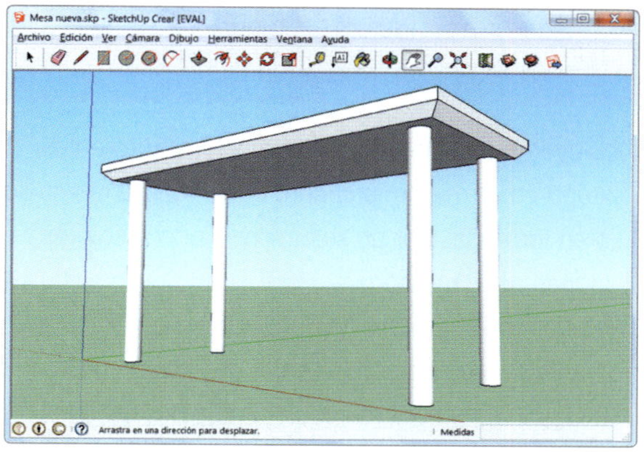

13. Para comprobar la utilidad de trabajar con componentes modifica el color de una de las patas con el icono Pintar o usa la opción Equidistancia para modificar la forma de una pata. Verás que se modifican todas las patas por igual.

ACTIVIDADES

5 Diseña con SketchUp: una mesa, una silla, una copa y un martillo.

6 Completa el diseño de la mesa con cajones. Trabaja con componentes para poder modificar ágilmente tus diseños.

ACTIVIDADES FINALES

REPASA LO ESENCIAL

7 Dibuja en tu cuaderno una tabla como esta y complétala escribiendo cada frase donde corresponda:

Mapas de puntos	Imágenes vectoriales

- Incluyen puntos de millones de colores diferentes.
- Ocupan más memoria cuanto mayor sea la resolución.
- Están formadas por un solo color o pocos colores.
- Ocupan poca memoria.
- Se pueden escalar sin perder calidad.
- Se utiliza Inskcape para trabajar con ellas.
- Se utiliza Gimp para manipular imágenes digitales de este tipo.

8 Contesta.

a) ¿Qué ventajas supone el uso del ordenador en diseño de productos para la industria?

b) ¿Qué aplicaciones tiene el diseño por ordenador en el mundo laboral?

c) ¿Qué otra ventaja aporta el ordenador frente al uso del diseño en papel?

9 Indica cuáles de las siguientes afirmaciones son verdaderas y cuáles de ellas son falsas.

a) En muchas películas se utiliza el diseño asistido por ordenador para crear efectos especiales.

b) Las aplicaciones de diseño en 3D permiten visualizar la estructura real del objeto aunque no nos proporciona toda la información sobre sus vistas ortogonales.

c) El diseño por ordenador es útil para diseñar: piezas mecánicas, prendas de vestir, planos de edificios…

d) El SketchUp es un programa para diseñar piezas en dos dimensiones.

10 ¿Qué herramienta de SketchUp utilizarías en cada caso?

a) Dibujar un rectángulo.

b) Aumentar la altura de un cilindro.

c) Cambiar la perspectiva que tenemos de nuestro dibujo.

d) Obtener el alzado de un objeto.

e) Dar una misma forma a una pieza completa.

f) Dibujar un círculo concéntrico a otro dado.

11 Observa los iconos presentes en SketchUp y explica qué utilidad tiene cada uno.

a) 

b) 

c) 

d) 

e) 

f) 

g) 

h) 

i) 

PRACTICA

12 Observa la imagen y contesta las siguientes preguntas.

a) ¿Es una imagen vectorial o de mapa de puntos?

b) ¿Podrías dibujar un ordenador similar con SketchUp? ¿Qué pasos seguirías?

13 Contesta.

a) ¿En qué se diferencian los mapas de puntos de las imágenes vectoriales?

b) ¿En qué se diferencian las aplicaciones usadas para manipular mapas de puntos de las utilizadas para manipular imágenes vectoriales?

14 Dibuja con SketchUp una pirámide cuadrangular.

Sigue estos pasos:

a) Dibuja un cuadrado.

b) Traza sus dos diagonales.

c) Mueve hacia arriba el punto de corte de las diagonales con la herramienta Mover.

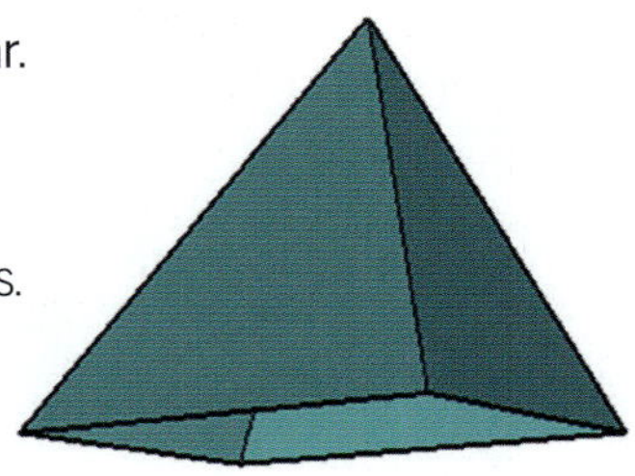

15 Dibuja, utilizando SketchUp, los siguientes objetos:

a) Un lápiz.

b) Una moneda.

c) Una pila.

d) Una papelera.

16 Dibuja en tu cuaderno un prisma hexagonal en perspectiva isométrica. Dibuja también sus vistas ortogonales.

Repite ahora el proceso utilizando SketchUp.

- ¿Qué proceso te ha resultado más costoso?

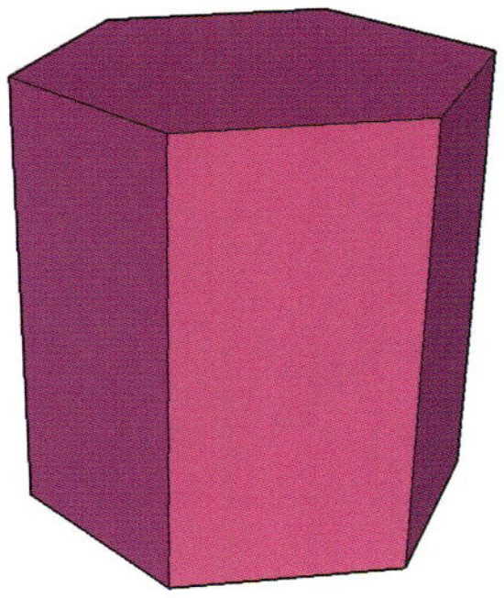

17 Observa la siguiente imagen.

a) ¿Por dónde empezarías a dibujar la estantería?

b) ¿Cuál sería el siguiente paso?

c) ¿Cómo podrías conseguir que el cajón esté abierto?

d) Observa que los libros tienen distintos tamaños. ¿Cómo se logra ese efecto?

e) ¿Qué material se ha utilizado para elaborar el cubilete?

18 Diseña con SketchUp una estantería con las siguientes características:

a) Al menos cinco baldas.

b) Un cajón.

c) Distintos tipos de materiales.

d) Un portafotos.

e) Un joyero.

f) Un libro.

19 Observa la imagen y diseña con SketchUp una impresora similar a esta. Si te atreves, podrías dibujar también el ordenador que aparece en la actividad 12.

AMPLÍA

20 Dibuja con SketchUp un prisma rectangular. A continuación, acota la pieza. Para ello usa la herramienta Acotar en el menú Herramienta.

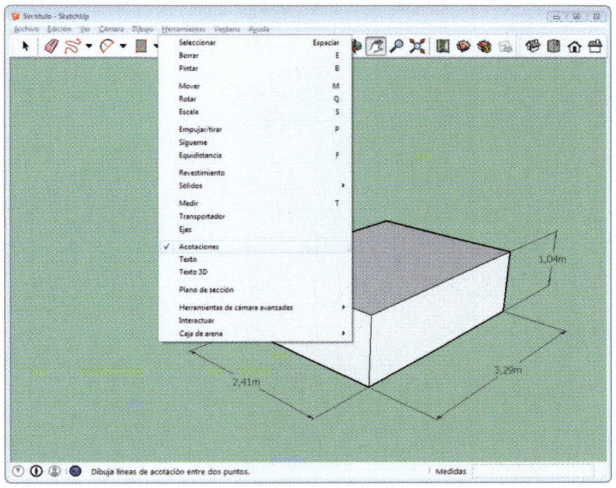

¿Cumplen las normas de acotación estudiadas en el tema anterior? ¿En qué difieren?

21 Diseña con SketchUp una mesa de billar similar a la que aparece en la imagen.

22 Haz un dibujo a mano alzada en tu cuaderno de los siguientes utensilios:

a) Una sartén.

b) Una taza.

Traslada los bocetos anteriores a tu ordenador con SketchUp. Procura ser creativo y no olvides darles color.

23 Investiga en SketchUp cómo añadir elementos decorativos para el interior de una vivienda.

APLICA UNA TÉCNICA. Comprender la importancia del diseño

¿Crees que los objetos industriales se fabrican a la ligera? Como ya sabrás, esto no es así. Incluso un pequeño objeto pasa por unas fases de diseño, hoy en día realizadas casi exclusivamente con ayuda de ordenadores.

En el caso de objetos más complejos, como una nave espacial o un robot explorador de la superficie de Marte como se muestra en estas imágenes, la importancia del diseño se acentúa.

Fíjate en el diseño de una futura misión a Marte y en el aspecto que tendría un vehículo de este tipo en Marte.

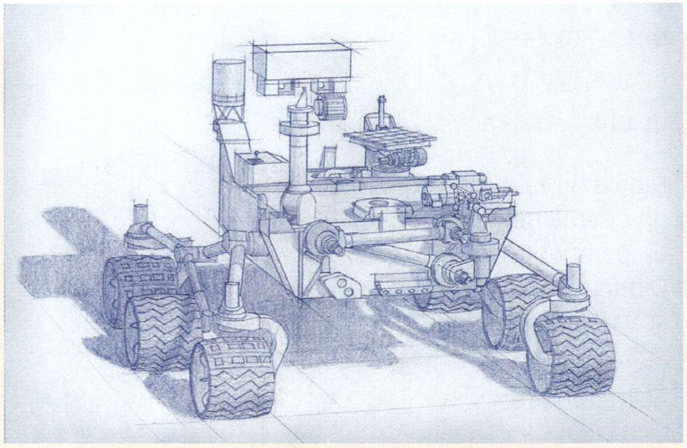

24 Observa las ilustraciones y contesta.

a) ¿Qué perspectiva se ha empleado en la imagen de arriba?

b) ¿Se trata de un dibujo delineado? ¿Cómo lo sabes?

25 Realiza bocetos que muestren el aspecto del robot explorador desde diferentes puntos de vista.

26 ¿Cómo te ayudaría para la actividad anterior disponer del archivo 3D correspondiente en un ordenador y visualizarlo con una aplicación del tipo de SketchUp?

27 ¿Por qué es tan importante el diseño de máquinas complejas como esta antes de proceder a su fabricación?

28 Elabora una lista con todas las diferencias que observes entre ambas imágenes.

29 ¿Qué importancia tienen las texturas aplicadas a la imagen inferior para simular el aspecto del suelo, las rocas o el robot explorador? ¿Y la iluminación?

30 ¿Qué similitudes existen entre ambas imágenes? Presta atención a las diferentes piezas que componen esta máquina.

FORMAS DE PENSAR. Pensamiento creativo. **Gollum contra los efectos digitales**

El intérprete británico [Andy Serkis] ha declarado que, en la actualidad, la labor de los artistas en efectos visuales se limita a «copiar la interpretación de los actores, hasta el punto de que su labor en realidad se limita a aplicar maquillaje digital» […] «La captura de imagen [técnica en la que un intérprete actúa contra un fondo neutro y luego es animado con herramientas digitales] no se diferencia de lo que conocemos como actuar en una película de imagen real», declaró recientemente a EL PAÍS […]. Y añadió que los estudios WETA, responsables de los efectos especiales de *El señor de los anillos*, *Avatar* o *El amanecer del planeta de los simios*, solo se encargan de «dar continuidad a la interpretación que el director y los actores creamos en el plató».

Sus comentarios no son nuevos, pero su campaña potenciando su trabajo personal es más agresiva que nunca. […]

La reacción en los foros dedicados al campo de los efectos visuales también ha crecido en virulencia. Como titula la página web Cartoon Brew, *Andy Serkis lo hace todo; los animadores, nada*. «Lo único que él no hace es su leotardo de captura de imagen y la comida que se sirve en el rodaje», añade con mala leche el foro, frecuentado por animadores.

Muchos han interpretado estas declaraciones como la desesperada búsqueda de Serkis de «un reconocimiento como actor». Tras trabajar juntos en la entrega previa de *El planeta de los simios*, James Franco se puso de su lado al defender en 2011 su derecho a ser reconocido con el Oscar. «No hablamos de animación, sino de maquillaje digital», comentó Franco, recordando otras interpretaciones ganadoras de la preciada estatuilla gracias al maquillaje tradicional, como el Oscar a John Hurt como mejor actor por su trabajo en *El hombre elefante*. «Es igual con Gollum o César, aunque con maquillaje digital», insistió Serkis. […]

Gollum, personaje al que dio voz y gestos Andy Serkis para *El señor de los anillos.*

En medio de estos ataques cruzados, una voz más equilibrada, la de Randall William Cook, director de animación y tres veces ganador del Oscar con las entregas de *El señor de los anillos*, intentó mediar entre Serkis, al que valora como actor y amigo, y sus compañeros. En una carta abierta, Cook desmintió categóricamente la descripción de Serkis de lo que significa la captura de movimiento. «Puedo jurar que Gollum no fue únicamente una interpretación de Andy Serkis con cada uno de sus movimientos, gestos y tics escrupulosamente reproducidos en un personaje nuevo y digital. Gollum es más bien una síntesis, el resultado de la colaboración entre Serkis y un grupo de grandes artistas de la animación». […]

El enfrentamiento proseguirá hasta que empiece la nueva temporada de premios. Porque Serkis no quiere un Oscar de honor o una categoría especial. Lo que busca es el reconocimiento de la captura de movimiento y que los actores que se dedican a ella sean reconocidos de la misma forma que los de la interpretación tradicional. «Actuar es actuar y me da igual el vestuario, el maquillaje o el traje de captura de movimiento que lleves» […].

Rocío Ayuso, http://www.elpais.com, 29/05/2014

31 COMPRENSIÓN LECTORA. Resume en pocas palabras la controversia recogida en el texto.

a) ¿Quiénes son los participantes en dicha controversia?

b) ¿Qué reivindica el actor Andy Serkis?

32 Contesta.

a) ¿Qué películas se mencionan en el texto?

b) ¿Por qué son importantes en ellas los efectos especiales y el trabajo de animación con ordenador?

33 Te parece importante el trabajo de los animadores en películas como las mencionadas en el texto?

34 ¿Darías tú premios a actores que desempeñan el papel de personajes como Gollum, que luego son animados digitalmente?

35 TOMA LA INICIATIVA. ¿Quién crees que tiene razón? Comenta la siguiente frase: «Gollum es más bien una síntesis, el resultado de la colaboración entre Serkis y un grupo de grandes artistas de la animación».

Diseña una casa con SketchUp (1)

En este proyecto vamos a aprender a diseñar una casa con SketchUp utilizando los conocimientos adquiridos en esta unidad.

1. Abre un nuevo documento en SketchUp. Elige la herramienta Rectángulo y traza un rectángulo.

2. Selecciona la herramienta Empujar/tirar. Haz clic sobre el rectángulo y, al arrastrar hacia arriba, se convertirá en una pieza en 3D.

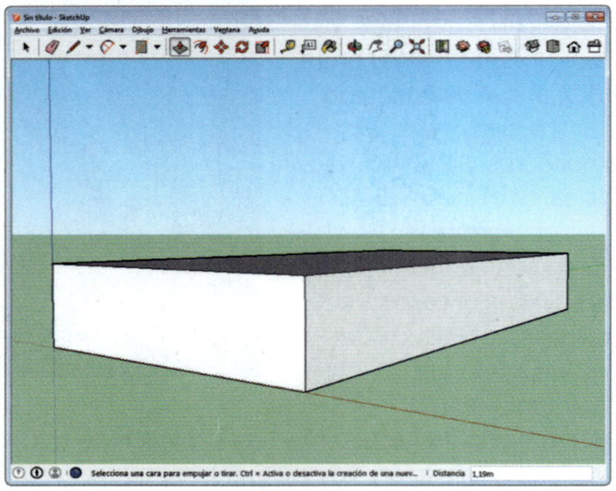

3. Elige la herramienta Línea y haz clic en el punto medio de una de las aristas de la cara superior. Un punto azul te indicará que es el punto medio.

4. Arrastra hacia el punto medio de la arista opuesta de la misma cara. La línea verde indica que es paralela a uno de los ejes.

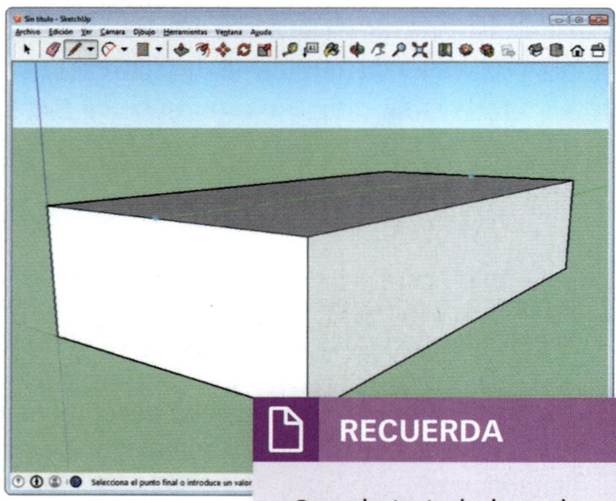

5. Selecciona la herramienta Mover y pulsa sobre la línea. Desplaza el cursor hacia arriba. ¡Verás que tu casa empieza a tomar forma!

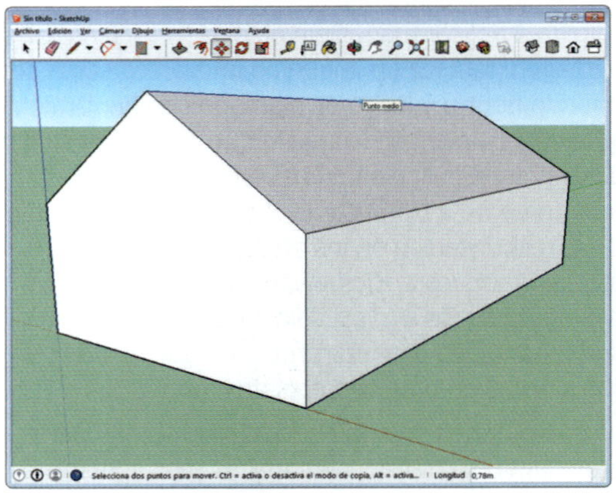

6. Usa la herramienta Orbitar para situar el punto de vista sobre la cara inferior.

7. Elige la herramienta Equidistancia y dibuja otro rectángulo.

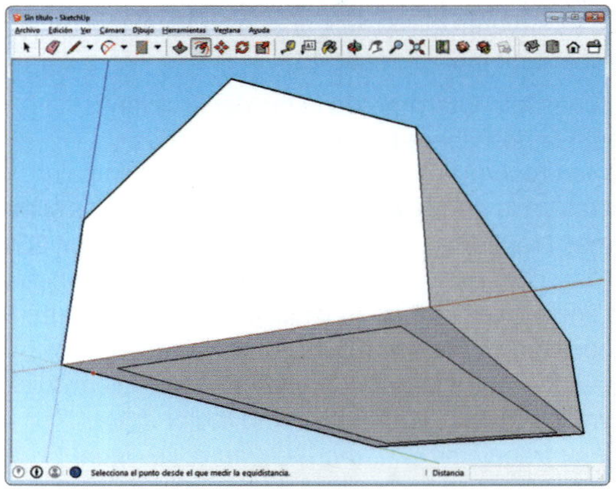

8. Haz clic en el marco rectangular que se forma y, con la herramienta Empujar/tirar, desplázalo hacia arriba.

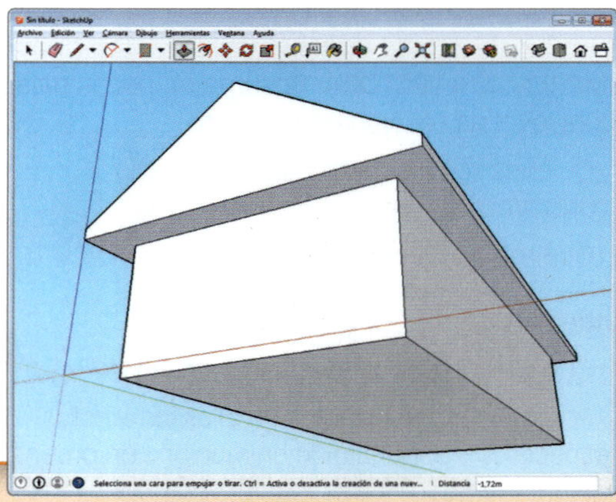

RECUERDA

Guarda tu trabajo cada cierto tiempo.
Menú Archivo ▸ Guardar.

SOFTWARE NECESARIO:

SketchUp u otra aplicación de diseño en 3D.

9. Para diseñar la ventana traza un rectángulo con la herramienta Rectángulo.
10. Añade un rectángulo interior y otro exterior al anterior con la herramienta Equidistancia. Así se formarán los marcos de la ventana.
11. También puedes utilizar la herramienta Línea para crear las divisiones de la ventana.
12. Usa la herramienta Empujar/tirar para dar sensación de volumen a este último elemento.

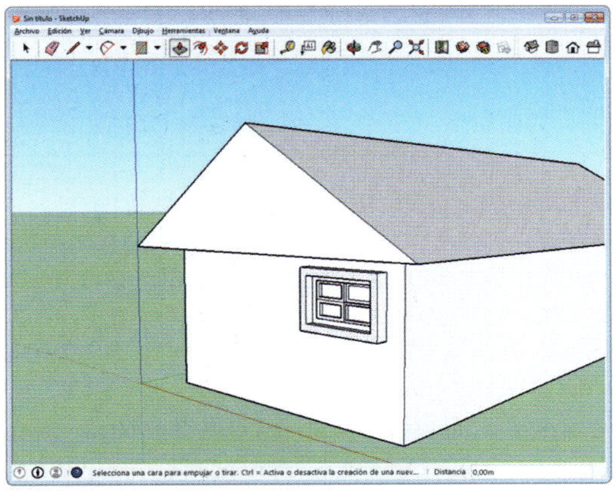

13. Para añadir el marco de la puerta dibuja primero las líneas, luego selecciona las tres aristas y duplícalas utilizando de nuevo la herramienta Equidistancia.

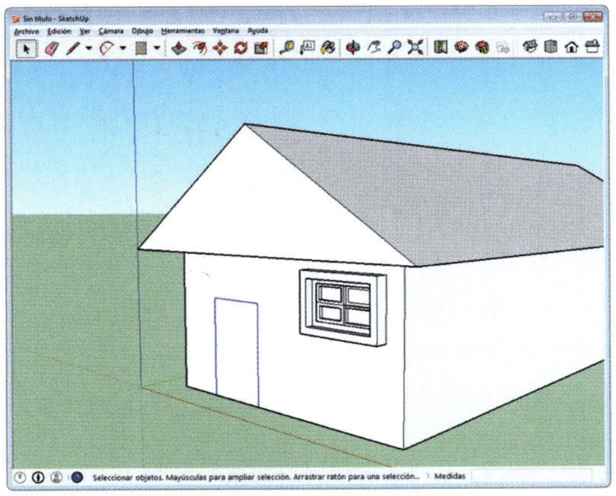

PRESTA ATENCIÓN

Ten cuidado de seleccionar solo las tres aristas. Si seleccionas el rectángulo, se formarán nuevos rectángulos equidistantes que rebasan la parte inferior de la puerta.

14. Selecciona la herramienta Empujar/tirar para dar sensación de volumen.
15. Combina las herramientas Equidistancia y Empujar/tirar para crear los detalles que prefieras en la puerta.

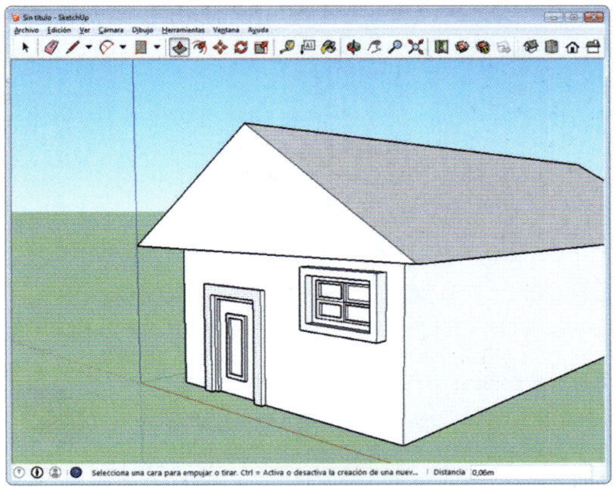

16. Ahora continuamos con el tejado. Selecciona la herramienta Línea. Haz clic en el lado inferior y traza un triángulo cuyos lados sean paralelos a las aristas del tejado.

PRESTA ATENCIÓN

Para conseguir que las líneas sean paralelas debes indicar la dirección. Para ello, arrastra la línea hasta la arista y después continúa el trazo hasta que se ponga de color rosa.

17. Elige la herramienta Empujar/tirar para alinear el triángulo superior con el resto de la fachada.

Diseña una casa con SketchUp (2)

18. Puedes borrar la línea que queda con la herramienta Borrar.

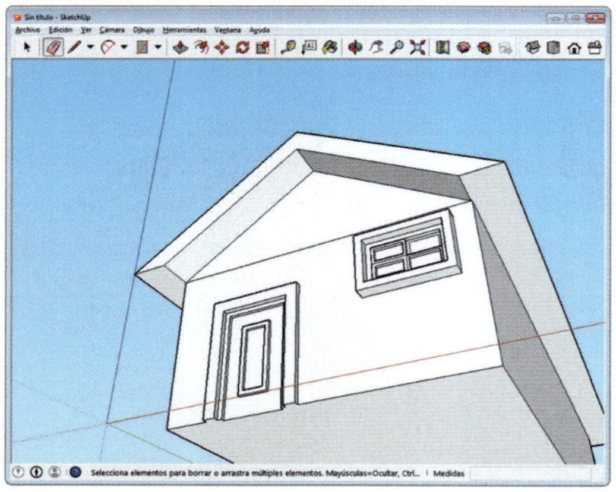

19. Elige la herramienta Línea. Traza una pequeña línea en el lateral del marco exterior de la puerta.

20. Selecciona el rectángulo que se ha formado. Con la herramienta Sígueme bordea toda la casa para conseguir el zócalo.

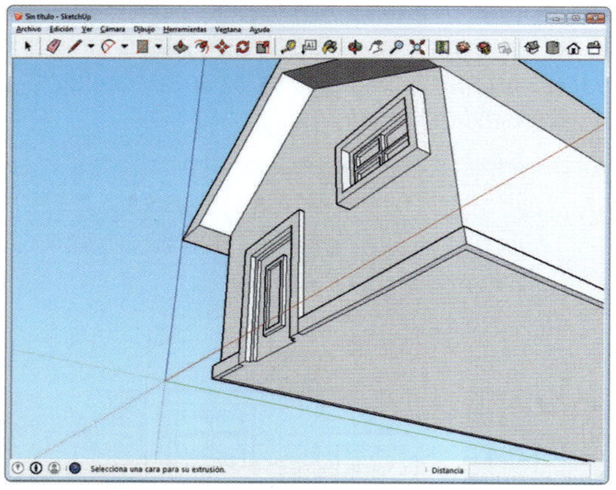

21. Utiliza la herramienta Pintar para decorar como más te guste. Selecciona, por ejemplo, Ladrillos y revestimientos para decorar la fachada.

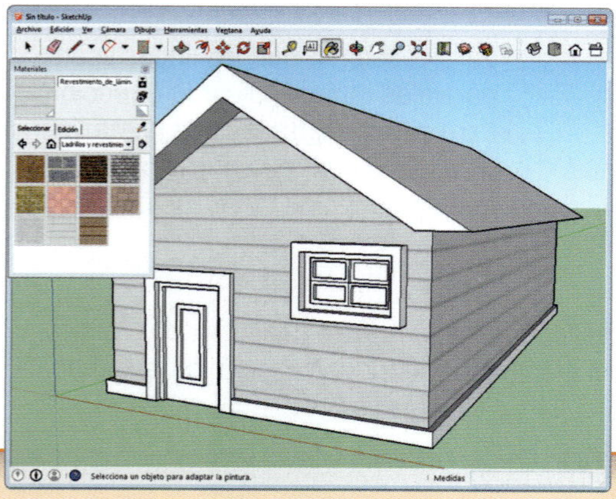

22. Análogamente, puedes decorar el tejado seleccionando el material: Tejado.

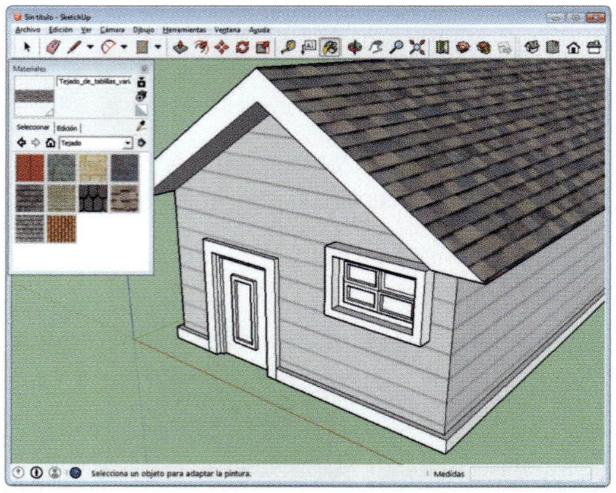

23. SketchUp dispone de multitud de materiales y texturas que proporcionan realismo a nuestros diseños. Por ejemplo, para los cristales puedes usar la opción: Translúcidos.
¡Mira a través de ellos y observa cómo puedes ver el interior de la casa!

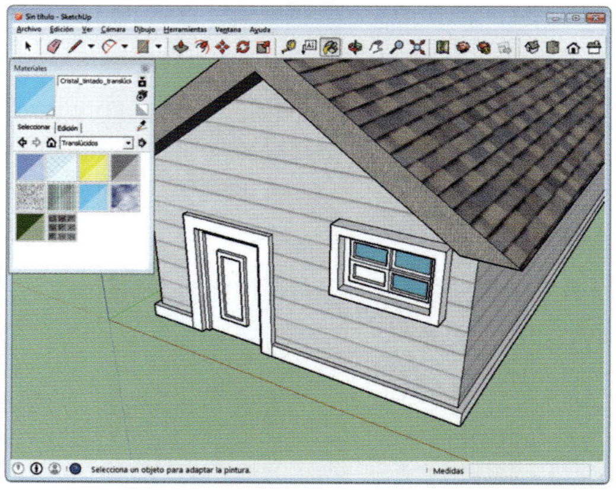

24. También puedes usar las opciones: Colores, Colores con nombre y Marcadores.

25. Investiga más opciones para decorar la puerta y el zócalo.

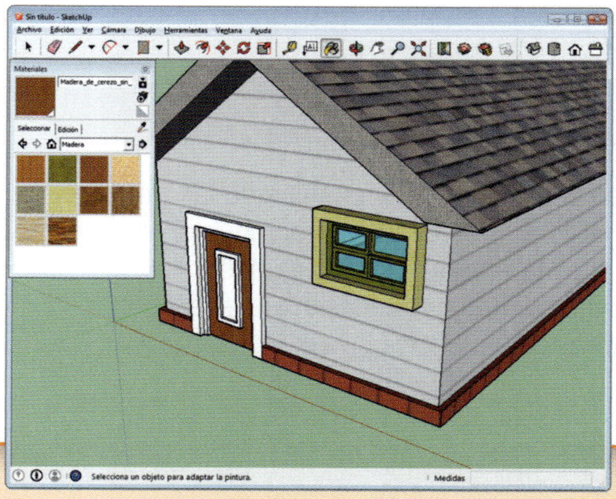

TRUCO

Puedes acceder a las vistas utilizando los botones.

¡Ya tienes terminada la casa!

Por último, accede en el menú a Ver ▸ Barras de Herramientas y marca la opción Vistas. Para conseguir el alzado elige la opción Frontal.

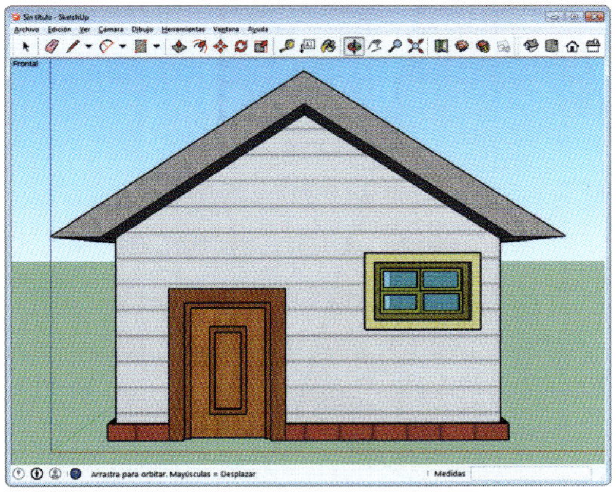

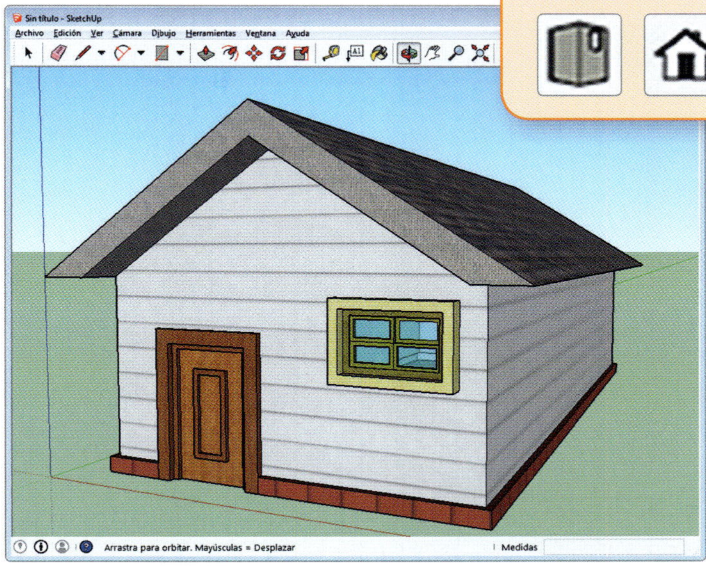

ACTIVIDADES

36 Elabora un documento como el de la derecha y añade las dos vistas que faltan.

PERSPECTIVA ISOMÉTRICA

VISTAS ORTOGONALES

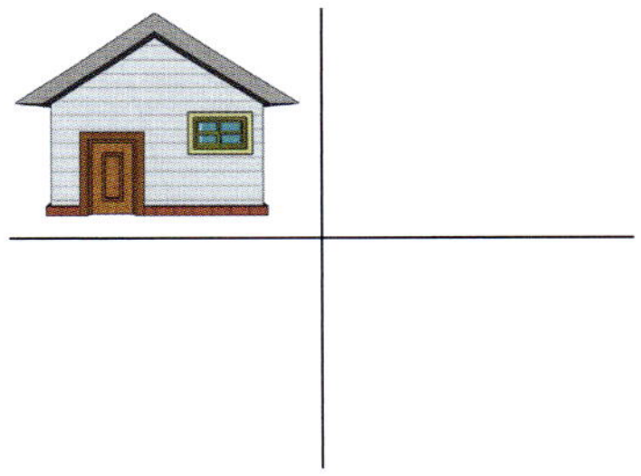

NOMBRE		FECHA
CURSO	EJERCICIO	ESCALA
GRUPO		

37 Diseña una casa con SketchUp.

a) Añade una chimenea.

b) Añade una valla.

c) Cambia colores y materiales.

d) Consigue las vistas ortogonales de tu casa.

Compara el diseño de tu casa con los de tus compañeros. Identifica los materiales utilizados. Debate qué materiales son más adecuados para cada superficie.

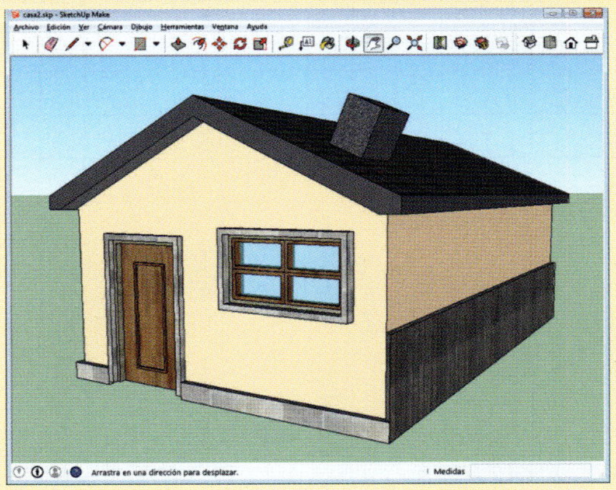

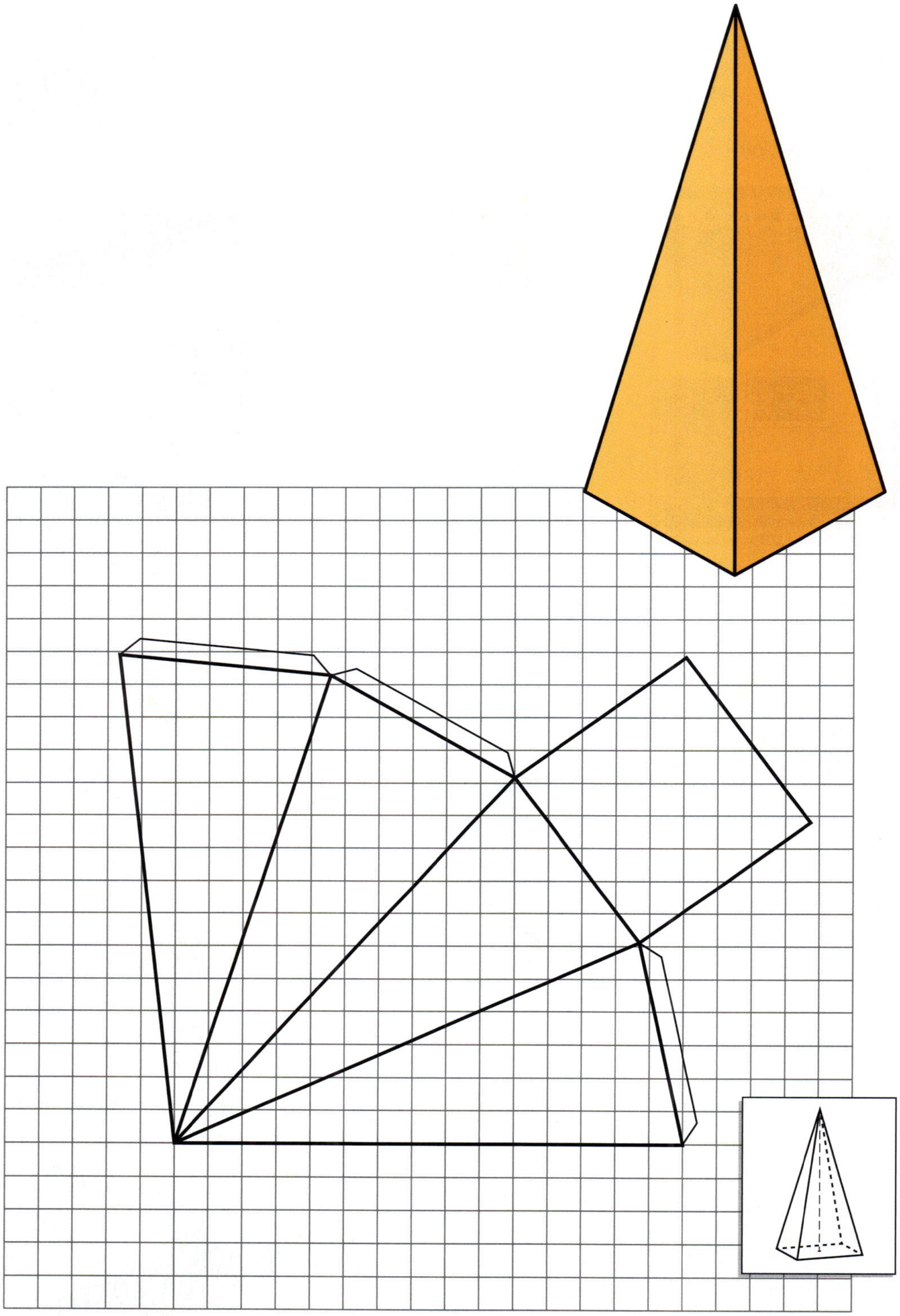

PROYECTOS FINALES

PROYECTOS FINALES

Trabajo cooperativo

1. Construye cuerpos geométricos

Aunque aún no sepas mucho sobre los cuerpos geométricos, estás rodeado de ellos: una lata de refresco, un dado, un balón de fútbol, la galleta de un helado…

En este proyecto vamos a aprender a dibujar algunos cuerpos geométricos para así poder comprenderlos mejor.

¿Qué necesitas?

Materiales

- Cartulinas de distintos colores.
- Papel cuadriculado.

Herramientas

- Reglas, escuadra y cartabón.
- Barra de pegamento.
- Lápiz.
- Tijeras.

RECUERDA

El **contorno** es la línea exterior que encierra la figura.

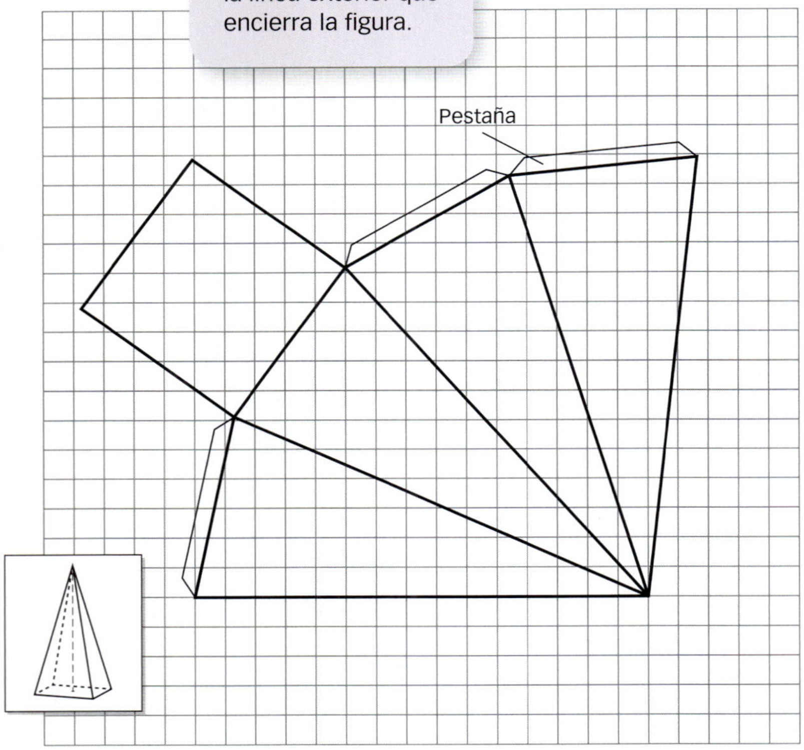

Pirámide de base cuadrada

1. Dibuja el esquema que aparece a la izquierda a escala 1:2. Puedes guiarte por la cuadrícula.
2. Las líneas interiores son pliegues que tendrás que realizar para montar la figura una vez recortada.
3. Recorta el contorno de la figura.

Montaje

1. Para que sea más fácil el montaje dobla previamente por todas las líneas de la plantilla.
2. Intenta montar la pirámide antes de poner pegamento para asegurarte dónde va cada pestaña.
3. Pon pegamento a las pestañas.
4. Y, por último, monta la figura según el esquema.

ACTIVIDADES

1 Lee esta afirmación de Albert Einstein: «Si no puedo dibujarlo, es que no lo entiendo».

¿Qué significa esta afirmación? ¿Estás de acuerdo con ella? Justifica tu respuesta.

2 Una vez que tienes la pirámide de base cuadrada montada:

a) Comprueba que la perspectiva isométrica coincide con la que aparece en el documento.

b) Elabora un documento como este en un dinA4 y dibuja las dos vistas que faltan.

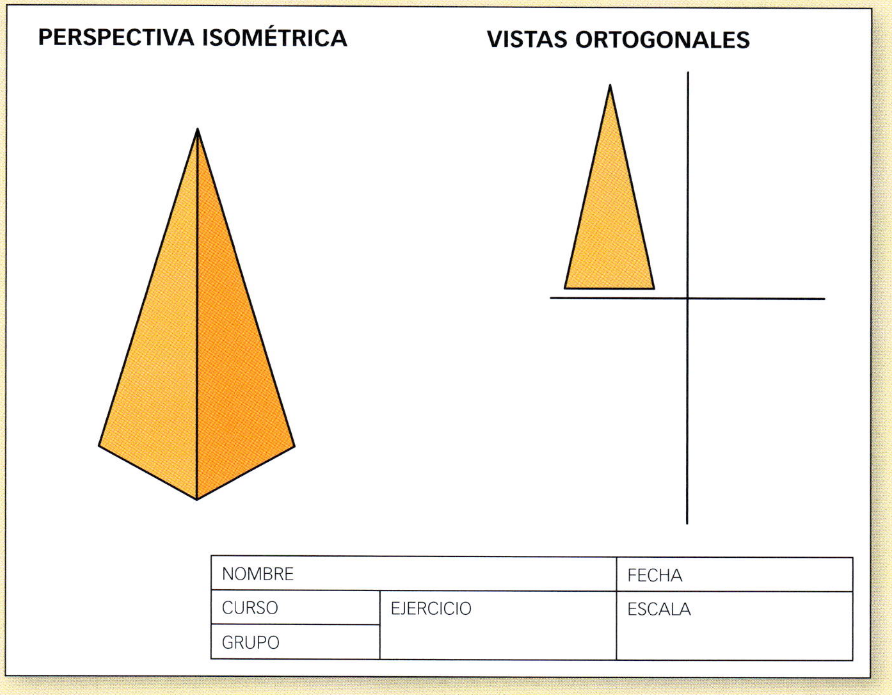

3 Siguiendo los pasos que has aprendido:

a) Dibuja a escala 1:2 estos dos esquemas y móntalos.

b) Presenta una ficha siguiendo el formato de la actividad anterior con la perspectiva isométrica y las vistas ortogonales de cada uno.

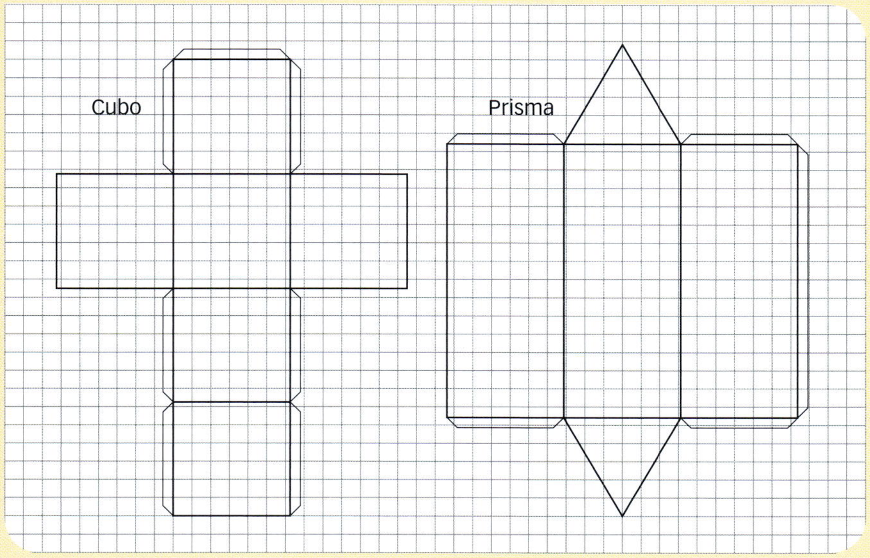

SOFTWARE NECESARIO:

SketchUp u otra aplicación de diseño en 3D.

2. Diseña una piscina con SketchUp

1. Abre SketchUp, elige la herramienta Rectángulo y traza un rectángulo. A continuación, con Empujar/tirar, dale volumen.

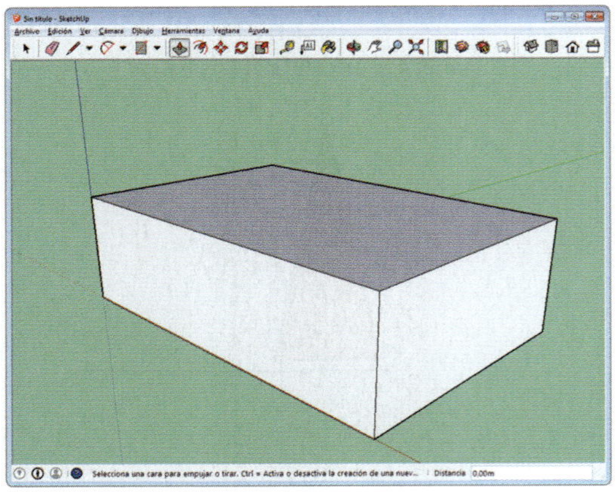

2. Para diseñar la piscina traza un rectángulo y añade otro en su interior con la herramienta Equidistancia.
3. Para añadir una sombrilla traza tres círculos con las herramientas Círculo y Equidistancia.

PRESTA ATENCIÓN

Es útil colocar la vista en la planta para distribuir mejor los elementos en el espacio.

4. Selecciona la herramienta Empujar/tirar para dar volumen. ¡Verás cómo empieza a tomar forma!
5. Para dibujar la rampa de la piscina tira de una de las aristas con la herramienta Mover.

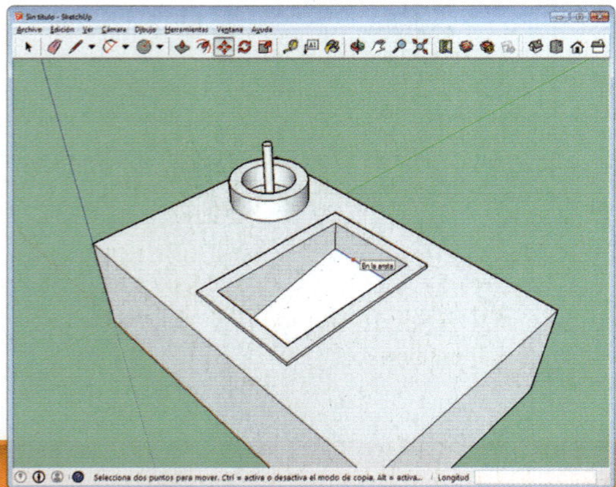

6. Para llenar la piscina de agua elige la herramienta Equidistancia, dibuja otro rectángulo y dale un poco de profundidad con la herramienta Empujar/tirar.

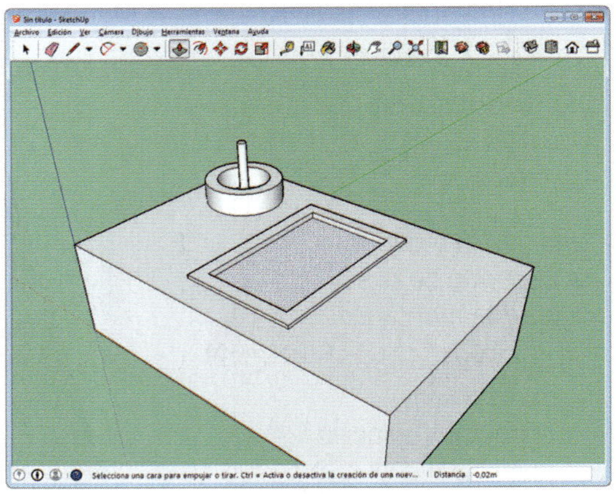

7. Ahora vamos a añadir la sombrilla. Dibuja un hexágono con las herramientas Polígono. Traza todas sus diagonales con la herramienta Línea. Selecciona el punto de corte de las diagonales y, con la herramienta Mover, desplázalo hacia arriba.

TRUCO

Dibújalo aparte para evitar que se descoloquen el resto de los elementos.

8. Selecciona la pirámide hexagonal que has construido en el paso anterior. Sitúala sobre el soporte con la herramienta Mover.

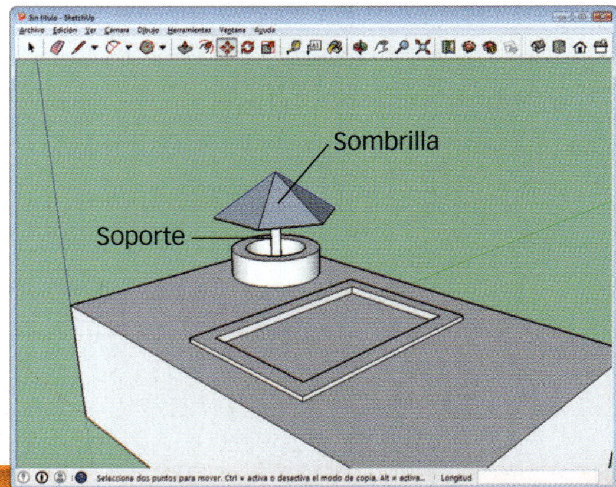

9. Utiliza la herramienta Pintar. Selecciona, por ejemplo, Agua de piscina para el agua.

PRESTA ATENCIÓN

Observa cómo podemos ver el nivel del agua y la rampa que construimos en los pasos anteriores.

10. Decora como más te guste. Investiga colores y materiales para que sea lo más real posible.

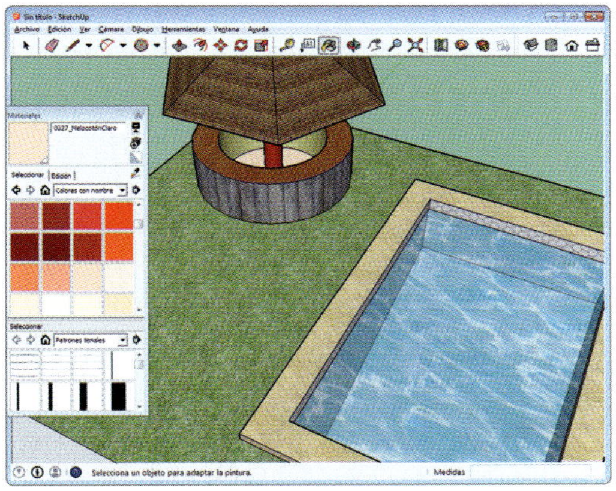

11. Incluye elementos decorativos. Por ejemplo, una tumbona con la herramienta Obtener modelos… Selecciona la que más te guste y descárgalo en el dibujo.

12. Puedes incluir tantos elementos como quieras. Además puedes rotar, cambiar su tamaño y mover los elementos con las herramientas: Rotar, Mover y Escala.

¡Ya tienes el diseño de tu piscina!

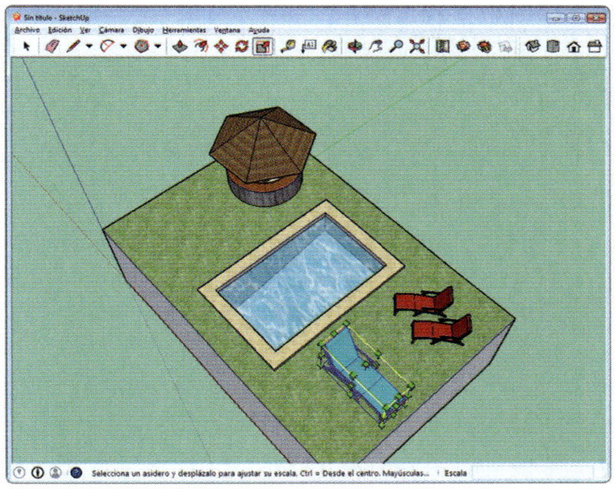

ACTIVIDADES

4 Diseña tu propia piscina con SketchUp.

a) Añade unos taburetes o unas mesas con sillas. Puedes utilizar la herramienta Obtener modelos…

b) Dibuja algunos elementos que sueles encontrar en una piscina, como una pelota, un flotador, una toalla…

c) Añade una valla como la de la imagen de la derecha.

d) Cambia colores y materiales.

Dirección de arte: **José Crespo**

Proyecto gráfico:
Portada: **CARRIÓ/SÁNCHEZ/LACASTA**
Interiores: **Manuel García**
Ilustración: **Bartolomé Seguí, Félix Moreno, Pablo Pérez, Enrique Cordero, Emilio del Peso.**

Jefa de proyecto: **Rosa Marín**
Coordinación de ilustración: **Carlos Aguilera**
Jefe de desarrollo de proyecto: **Javier Tejeda**
Desarrollo gráfico: **Raúl de Andrés**

Dirección técnica: **Ángel García Encinar**

Coordinación técnica: **Alejandro Retana**
Confección y montaje: **Fernando Calonge, Alfonso García, Alejandro Martínez**
Cartografía: **José Manuel Solano**
Corrección: **Ángeles San Román, Nuria del Peso**
Documentación y selección fotográfica: **Sergio Aguilera Rubio, Nieves Marinas Mateos**

Fotografías:
A. Toril; A. Viñas; Alicia García; D. López; FOTO LÓPEZ; GOYENECHEA; J. Jaime; Krauel; O. Torres; S. Cid; S. Enríquez; S. Padura; A. G. E. FOTOSTOCK/Javier Larrea, M. Lenke, Dinodia, Oleksiy Maksymenko; COMSTOCK; EFE/Airbus Industrie/ZUMAPRESS/lafototeca.com, Collection Christophel/afototeca.com, RENFE; GARCÍA-PELAYO/Juancho; GETTY IMAGES SALES SPAIN/Photos.com Plus, Thinkstock; GTRESONLINE/AP Photo/Jean-Marc Bouju; HIGHRES PRESS STOCK/AbleStock.com; I. PREYSLER; ISTOCKPHOTO/Getty Images Sales Spain; NASA/NASA/JPL-Caltech, JPL-Caltech; SIGMATeK; FAGOR; BIBLIOTECA BARTOLOMÉ MARCH SERVERA; BIBLIOTECA NACIONAL DE ESPAÑA/Laboratorio Biblioteca Nacional; Cortesía de Apple/APPLE; JVC; MATTON-BILD; MUSEO ARQUEOLÓGICO NACIONAL, MADRID / 'Archivo Fotográfico. Museo Arqueológico Nacional'.; MUSEO POSTAL Y DE TELECOMUNICACIONES, MADRID; Olympus Optical España, S.A.; Samsung; ARCHIVO SANTILLANA

Avda. de los Artesanos, 6
28760 Tres Cantos, Madrid
PRINTED IN SPAIN

ISBN: 978-84-680-2827-9
CP: 652425
Depósito legal: M-6525-2015